KUNIO YANAGITA'S RELATIONSHIP WITH ARCHAEOLOGY

柳田國男と考古学

なぜ柳田は考古資料を収集したのか

設楽博己・工藤雄一郎・松田睦彦【編著】

新泉社

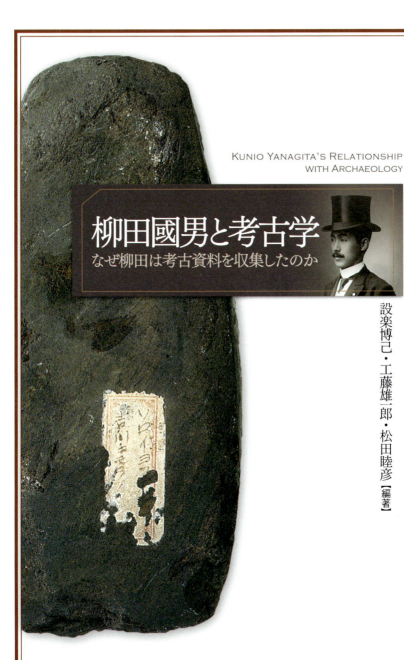

はじめに

明治〜昭和初期は、日本のあらゆる学問が科学的な様相を帯びてくる時代だった。柳田國男は昭和初期に日本民俗学を確立したが、それ以前、とくに明治後期には『人類学雑誌』等を舞台に論考を発表していた。当時の『人類学雑誌』では、今で言う考古学・形質人類学・民族学・民俗学といったさまざまな学問が、未分化な状態で共存していたのである。

しかしその後、考古学や人類学（特に形質人類学）はしだいに自然科学的な手法を獲得し、柳田國男が目指す民俗学とは別の道を歩みはじめた。民俗文化の中でもその精神性への強い志向をもち、また言葉を媒介とした民俗事象の把握を目指す柳田國男は、独自の方法論にもとづいて日本民俗学を構築していった。またその過程では、「考古学批判」を通じて自らの学問の性格をみきわめようとしていたことがうかがえる。

「考古学が嫌いだった」として知られている柳田國男が、明治後期に日本国内やサハリン等で考古資料を採集していたこと、そしてその考古資料が現在まで残っていることは、一般にほとんど知られていない。国立歴史民俗博物館には柳田國男が主に明治後期に収集したと思われる考古資料六七点が、「柳田國男旧蔵考古資料」として収蔵されている。そこで、国立歴史民俗博物館では、民俗学・考古学・人類学のそれぞれの視点から、柳田國男が考古資料をどのような目的で集めたのか、その学術的な背景や、当時盛んだった日本人種論との関係などを探り、その後の民俗学が確立していく過程を再検討した（公募型共同研究「柳田國男収集考古資料の研究」二〇一一〜二〇一三年）。

本書はその成果についてまとめたものである。柳田國男旧蔵考古資料を通じて、民俗学と考古学の方法論確立過程における相互交渉についての理解がより一層深まることを期待したい。

設楽　博己
工藤雄一郎
松田　睦彦

柳田國男と考古学

◎目次

3 なぜ柳田國男は考古資料を収集したのか
収集の学問的・社会的背景

4 柳田民俗学の形成と考古学批判

1

柳田國男の生い立ちと学問的背景

少年時代の柳田國男（1888年〔明治21〕）

柳田國男はどのような人物だったのだろうか。また、どのような経緯で民俗学を志すようになったのだろうか。柳田國男の学問の背景を幼少期に間引き絵馬を見たことによる衝撃を抜きに語ることはできない。農民が貧困にあえぐ姿は、のちの柳田を農政学へと向かわせることとなる。そして文学に親しみ、ハイネに影響を受けた新体詩人であった青年時代、その後の農政官僚を経て経世済民の学としての民俗学を立ち上げていく壮年期。柳田は、どのような時期に考古遺物を扱っていたのであろうか。

柳田國男の生い立ちと間引き絵馬の衝撃

民俗学は、日本人の生活の歴史的変遷を、人びとのものの考え方や感性に注目して明らかにする学問である。この民俗学を創始した柳田國男は、一八七五年（明治八）に兵庫県神東郡《じんとうぐん》辻川村（現神崎郡福崎町《かんざきぐんふくさきちょう》）に、松岡操《みさお》・たけの六男として生まれた。父・操は私塾で漢学を教えるかたわら神職としても活動したが、生活は貧しかった。一方、母・たけは、厳格に子どもたちをしつけながら一家を切り盛りした。この松岡家からは、医師となった長兄・鼎《かなえ》、同じく医師であり、歌人として知られた次兄・井上通泰《みちやす》、海軍大佐となり、言語学や民族学の本も著した次弟・静雄、日本画家で、東京美術学校（現東京藝術大学）教授となった映丘《えいきゅう》を輩

図1　徳満寺の「間引き絵馬」：生まれたばかりの子どもを母親が押さえつけている。母親の影には角が生え、かたわらでは地蔵が泣いている。

出し、柳田を含めて松岡五兄弟と呼ばれている。

高等小学校を卒業したあと、柳田は一二歳で、茨城県北相馬郡布川町《ふかわまち》（現利根町《とねまち》）で医院を開業していた長兄・鼎のもとに預けられる。上方に育った柳田にとって、この布川での生活は、自然も言葉も食べ物も祭りも、すべてが新鮮な驚きをともなうものであった。なかでも柳田の記憶に強く印象づけられたのは、利根川沿いに立つ徳満寺の地蔵堂にかかる、いわゆる「間引き絵馬」であった。母親が生まれたばかりの子どもを押さえつける図柄に農民の苦しみをみた柳田は、のちに農政学の道を志すことになる。

文学への傾倒から農政官僚へ

第一高等学校を経て東京帝国大学法科大学に進学した柳田の名が、最初に世に知られるのは新体詩人としてである。柳田は多くの新体詩や詩的散文を雑誌『文学界』や『帝国文学』などに発表したが、その作品を高く評価したのは同誌の同人・島崎藤村であった。橋川文三は柳田の詩的散文を引きながら、そこに「王朝文芸の発想と西欧ロマンティシズムのモチーフとの微妙な均衡」を指摘し、その背景に生来の異常感覚と柳田の歌の師・松浦辰男の神秘観、そして西欧のロマン派文学の影響を見いだしている。当時の文学青年たちのあこがれは、バーンズやワーズワース、バイロン、ハイネといった西欧のロマン派詩人であった。

図2　叙情詩の詩人：『抒情詩』は1897年（明治30）に国木田独歩（前列右）を中心として出版された詩集。柳田（後列左）のほか、宮崎湖処子（前列中央）や田山花袋（後列右）も参加した。

図3　東京帝国大学入学の頃（1897年頃〔明治30〕）

なかでもハイネが柳田に与えた影響は詩作にとどまらなかった。後に柳田は、早くから愛読していたハイネの『流刑の神々』（柳田は『諸神流竄記《しょしんりゅうざんき》』と訳している）を「今日大に発達すべかりし学問の芽生を見せて居る」と評価している。「耶蘇の宗教が一世を席巻した欧羅巴大陸でも、猶百千年を隔てゝ豊富なる上代が活き残つて居た。それが容易に平民の日常生活の中から掬取られるばかりで無く、新しい社会の動きさへも、暗々裡に之に由つて左右せられる場合が多かつた」（『青年と学問』一九二八年〔昭和三〕）と、ハイネの描く、キリスト教の席巻によって悪魔へと立場を変えざるを得なかったヨーロッパ古来の神々の姿が、柳田の民俗学的発想の醸成に大きな刺激を与えたことを認めているのである。

やがて詩作を離れた柳田は、農政学の研究へと力を注ぐようになる。柳田は一九〇〇年（明治三三）に大学院に籍を置いたまま、農商務省に入省する。また、翌年には大審院判事の柳田直平の養子に入って柳田姓となり、のちに直平の娘・孝と結婚する。

農政官僚となった柳田は、大学で農政学を講じる一方、産

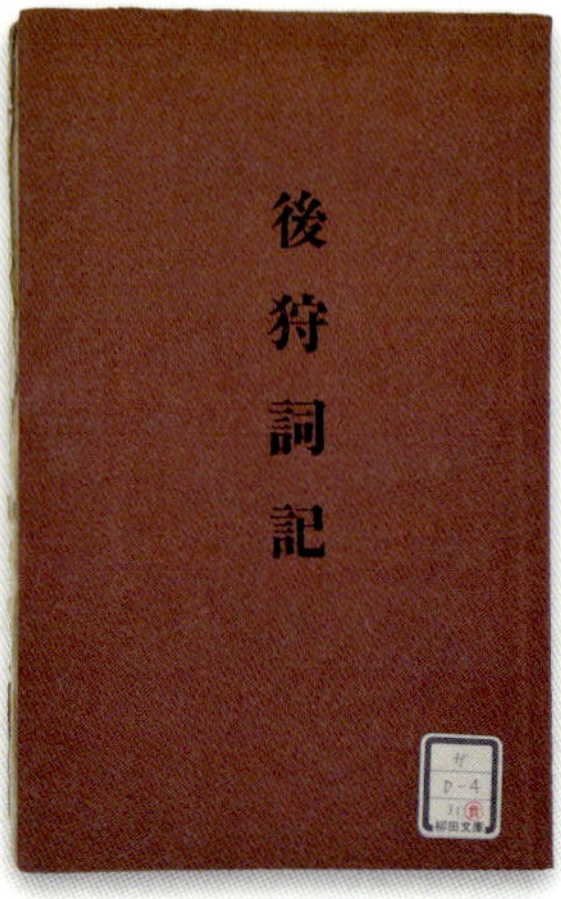

図4 『後狩詞記』1908年（明治41）：椎葉村に古い狩猟伝承が残ることに衝撃を受けた柳田は、すぐに本書の出版にとりかかった。

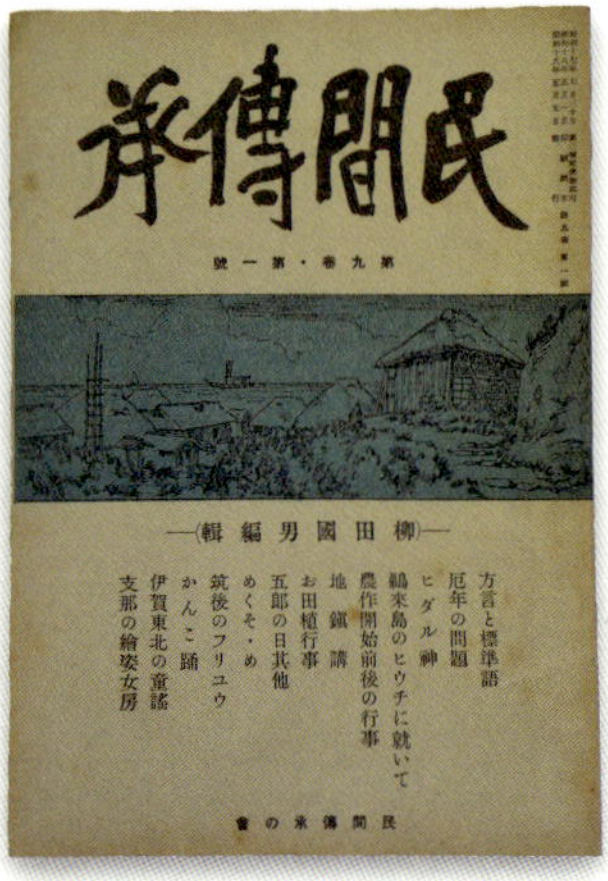

図5 雑誌『民間伝承』：柳田を中心に全国の民俗学研究者によって組織された「民間伝承の会」の機関誌。1935年（昭和10）創刊。

業組合関係の講習会等での講演のために全国を旅している。「明治三十九年樺太紀行」として後にまとめられた樺太への視察旅行もこの頃のことである。また、柳田家の養嗣子となったことから、柳田家のある長野県飯田にも足を運んでいる。「柳田國男旧蔵考古資料」が収集されたのは、主にこの時期のことであった（2章参照）。

経世済民の学としての民俗学へ

さて、農政官僚としての柳田はさまざまな政策や制度の改革を提案するが、それらが学界や官界のみならず、当事者である農民自身にも理解されることはなかった。農村の生活を改善するためには、農民自身の生活とその歴史を知らなければならない、という気づきが、柳田の民俗学に対する思いを高めていった。一九〇八年（明治四一）の九州への旅に素材を得た『後狩詞記《のちのかりことばのき》』をきっかけとして、柳田はしだいに民間伝承の学、すなわち民俗学の研究へと没頭することになる。

図6　晩年の柳田國男（1961年〔昭和36〕）

その後、柳田は法制局参事官、貴族院書記長といった官職を歴任するが、一九一九年（大正八）に官界を去る。翌年、柳田は朝日新聞社に客員として迎えられ、東北、遠州・三河、沖縄などへの旅をとおして庶民への眼差しを養っていく。また、一九二一年（大正一〇）からの二度にわたる国際連盟委任統治委員としての渡欧は、柳田に国際社会における日本の劣勢を実感させる一方で、人類学や社会学などの最新の動向を学ぶ機会を与えた。帰国後の柳田は「本筋の学問のために起つ」決意を固め、朝日新聞社に論説委員として籍を置きながら、記事の執筆や講演などの活動を精力的にこなしていく。

一九三〇年（昭和五）に朝日新聞社を辞職した柳田は、「民間伝承論」の講義や『郷土生活の研究法』の出版等をとおして民俗学の普及に努め、大学でも積極的に講義を行った。また、あらかじめ質問項目が印刷された「採集手帖」による全国調査の推進や、雑誌『民間伝承』の刊行など、志を同じくする人びとに研究と成果発表の機会を提供した。戦後は自宅に民俗学研究所を設立したほか、日本民俗学会初代会長も務め、国語科や社会科教育のあり方についても積極的に発言している。一九六二年（昭和三七）、八八歳で永眠した。【松田睦彦】

表1　柳田國男と考古学・人類学の関連年表

西暦	和暦	柳田國男	柳田國男の動向	柳田國男収集品の可能性が高い資料	考古学・人類学の動向	民俗学・著作
1875	明治8	7.31誕生	兵庫県神東郡辻川村に生まれる			
1877	明治10	2歳			E.モース・大森貝塚の発掘	
1886	明治19	11歳			「東京人類学会」発足 『人類学雑誌』創刊	
					アイヌ・コロボックル論争の始まり（坪井正五郎「コロボックル説」、白井光太郎「アイヌ説」	
1887	明治20	12歳	茨城県北相馬郡布川の兄宅に転居		小金井良精・坪井正五郎北海道調査旅行	
1888	明治21	13歳			小金井良精・坪井正五郎北海道調査旅行	
1889	明治22	14歳			小金井良精「アイヌ説」	
1897	明治30	22歳	東京帝国大学入学、農政学専攻			『抒情詩』
1899	明治32	24歳			鳥居龍蔵・北千島の調査	
1900	明治33	25歳	農商務省農務局入局			
1901	明治34	26歳	柳田家に養嗣子入籍 飯田・長野講演旅行（11～12月）			
1902	明治35	27歳	法制局参事官 東北講演旅行（8月）		小金井良精「日本石器時代の住民」 アイヌ・コロボックル論争の再燃	『最新産業組合通解』
1903	明治36	28歳	山陽方面旅行（2月）		鳥居龍蔵『千島アイヌ』 柳田國男・考古学会に入会	
1904	明治37	29歳	柳田直平四女孝と結婚			『農政学』
1905	明治38	30歳	この頃より10年ほど全国で産業組合や農業政策に関わる講演をする 福島旅行、愛知三河旅行（8～9月）	8.31「福島縣伊達郡半田村……」の包み紙 石器・自然礫4点	飯島魁ら、樺太調査	
1906	明治39	31歳	信州（8月）、東北・北海道（8～10月）、樺太旅行（9～10月）	9.24「東京日日新聞」包み紙　石器4点	坪井正五郎ら、樺太調査	
1907	明治40	32歳	東北・新潟旅行（5～6月）、信州・上州旅行（9月）	（日付不明の新聞紙）磨製石斧1点		
1908	明治41	33歳	九州・四国旅行（5～8月）		鳥居龍蔵「固有日本人論」	
1909	明治42	34歳	飛騨・木曽・北陸旅行（5～7月）	1.1「御霊文楽座番付」包み紙　磨製石斧1点		『後狩詞記』
1910	明治43	35歳	東京人類学会入会 ＊以後、毎年国内各地を旅行		柳田國男・人類学会に入会	『石神問答』『時代ト農政』『遠野物語』
1911	明治44	36歳	考古学会評議員		柳田國男が南方熊楠に考古学会入会を勧める	郷土会発足
1912	明治45/大正1	37歳			柳田國男・人類学雑誌に反発	
1913	大正2	38歳				『郷土研究』『民俗』（柳田は不参加）創刊

西暦	和暦	柳田國男	柳田國男の動向	柳田國男収集品の可能性が高い資料	考古学・人類学の動向	民俗学・著作
1914	大正3	39歳	貴族院書記官長			
1915	大正4	40歳	長男為正誕生			
1916	大正5	41歳		（日付不明の新聞紙）土器1点		
1917	大正6	42歳			長谷部言人「石器時代住民論我観」による石器時代人＝アイヌ説批判	
1918	大正7	43歳	神奈川県内郷村で初の総合村落調査に参加		鳥居龍蔵『有史以前の日本』 松本彦七郎「日本石器時代人類について」汎アイヌ説 柳田國男はこれ以降、昭和10年頃まで考古学批判を体系的に展開する	
1919	大正8	44歳			松本彦七郎・科学的な編年研究	
1920	大正9	45歳	朝日新聞社客員 慶應義塾大学で「民俗学」講義		岡山県津雲貝塚の発掘	
1921	大正10	46歳	国際連盟委任統治委員ジュネーブ（5～12月）この間北欧旅行			
1922	大正11	47歳	ジュネーブ（5～翌年11月）この間ドイツ・イギリス・イタリア旅行		愛知県吉胡貝塚の発掘（～'23）	
1923	大正12	48歳	自宅で民俗学に関する第1回談話会を開催			
1924	大正13	49歳	朝日新聞社論説委員 慶應義塾大学で「民間伝承」講義（昭和4年まで） この頃より全国で民俗学に関する講演		清野謙次「原日本人説」	
1925	大正14	50歳			松村瞭・東大人類学教室准教授	『民族』創刊
1926	大正15/昭和1	51歳				『山の人生』『日本農民史』
1928	昭和3	53歳				『青年と学問』
1929	昭和4	54歳				『民俗学』（柳田は不参加）創刊
1930	昭和5	55歳	朝日新聞社論説委員辞任 東京人類学会で講演「社会人類学の方法と分類」			『蝸牛考』
1931	昭和6	56歳	東京文理科大学で民俗学講義			『明治大正史世相篇』 『日本農民史』
1932	昭和7	57歳	東京帝国大学で民俗学講義（昭和10年まで）			『口承文芸大意』
1933	昭和8	58歳	自宅で「民間伝承論」講義開始（木曜会の母体）			『桃太郎の誕生』
1934	昭和9	59歳	木曜会（後の日本民俗学会例会）開始 山村調査開始（昭和12年まで）			『民間伝承論』
1935	昭和10	60歳	日本青年館で日本民俗学講習会開催			民間伝承の会発足 『郷土生活の研究法』 雑誌『民間伝承』創刊
1936	昭和11	61歳			山内清男・喜田貞吉「ミネルヴァ論争」	『採集手帖』 『山の神とヲコゼ』

2

柳田國男が集めた考古資料

1908年（明治41）頃の礼装姿の柳田國男

柳田國男が収集した考古遺物とはどのようなものなのか。どのような経緯で発見され、国立歴史民俗博物館に収蔵されたのか。この章では「柳田國男旧蔵考古資料」の収集の経緯、内容、収集地についてみていく。ラベル付き資料は最も重要な手がかりであり、柳田とサハリン（樺太）との関係がみえてくる。なぜ樺太の考古遺物が含まれているのか。「樺太紀行」にも出てくるアイヌ・コロボックル論争をはじめ、日本民族論争と、柳田による樺太の考古資料収集とは切り離すことができない。

柳田國男旧蔵考古資料とは?——収集の経緯

「柳田國男旧蔵考古資料」は、柳田國男〔一八七五〔明治八〕～一九六二年〔昭和三七〕〕が主に明治後期に収集した考古資料である。収集した遺物には、「ソロイヨフカ」という注記があることからサハリンで収集したと推測される磨製石斧や、北海道の縄文時代や続縄文時代の土器、「伊那下川路」で収集した打製石斧などがある。

これらの考古資料は、一九八九年に柳田國男の長男である柳田為正〔一九一五〔大正四〕～二〇〇二年〔平成一四〕〕が、東京都世田谷区成城の自宅を取り壊す際に、自宅床下から発見したもので、段ボール箱五箱に分けて入っていた。段ボール箱には、柳田為正が少年時代に成城の自宅周辺で収集した縄文土器や石器などの考古資料とともに、墨書きされた和紙に包んだ石器や、ラベルに注記がある石器、古い新聞紙に包んだ石器や土器があった。当時、柳田為正と親しく、柳田為正と二人でこれらの遺物を発見した成城の中の原書店の簑原泰彦氏によると、この墨書きは柳田國男の字であることを為正が確認し、為正自身も柳

図7　柳田國男の成城の自宅（1928年〔昭和3〕頃）。この家の床下に遺物が保管されていた。

図8　1989年、自宅床下から考古遺物を発見（國男・為正収集品が混在していた）

図9　左が柳田為正（1916-2002）：少年時代に考古遺物収集活動

田國男の遺物が出てくるとは思っておらず、驚いていたそうである。

柳田為正は少年時代、元旦から遺物収集に行くほどの熱心な「考古ボーイ」だった。為正の日記には、正月早々にそういうところにいくものではないと父から叱られたというエピソードも残されている。おそらく、父である柳田國男が、自分がもっていた考古資料を考古ボーイだった為正に譲り渡したと推測されるが、為正自身はすでに忘れていたようである。

簑原泰彦氏は、一九八九年六月一八日・九月一八日に、これらの資料をすべて為正から譲り受けた。柳田國男がこのような考古遺物を集め、それが現在まで残っていたことに関心をもった簑原氏は、独自にこれらの資料を研究し、五つの箱の中から柳田國男に関係する資料と推測できるものを抽出した。これが「柳田國男旧蔵考古遺物」である。ところが、柳田為正が二〇〇二年に亡くなり、簑原氏が日頃から考古学の教えを受けていた平井尚志も同年に亡くなったため、これらの遺物は手を付けられないまま、中の原書店に保管されていた。

その後、簑原氏が設楽博己（当時：歴博、現：東京大学）に会った際に柳田國男旧蔵考古遺物のことを相談し、二〇〇四年にこれらの資料を国立歴史民俗博物館（以下、歴博）に寄贈することになった。床下から出てきた五つの段ボール箱に入った資料の中から「柳田國男旧蔵考古遺物」と簑原泰彦氏が判断し歴博に寄贈したのは合計六七点である（歴博での資料登録名は「柳田國男旧蔵考古資料」）。

この中で柳田國男が確実に収集したとわかる資料は限られているが、柳田國男の行動や考え方を知るうえで非常に貴重な資料である。日付がわかる資料は一九〇五年（明治三八）から一九〇九年（明治四二）にわたっている。そこで、「柳田國男旧蔵考古資料」の由来や、柳田國男が明治後期から昭和初期にかけて考古資料に関心をもった学問的・社会的背景を明らかにするため、歴博では、二〇一一年から二〇一三年にかけて公募型共同研究「柳田國男収集考古資料の研究」（代表：設楽博己、歴博代表：工藤雄一郎）を行った。この共同研究の成果は『国立歴史民俗博物館研究報告』として二〇一六年度に刊行し、また、二〇一六年四月からは、歴博の第四展示室（民俗）の特集展示「柳田國男と考古学―柳田考古遺物コレクションからわかること―」（二〇一六年四月一二日～二〇一六年一〇月一〇日）としてこの資料を一般に向けて公開することになったのである。

【工藤雄一郎・設楽博己】

1

2

3

4

図10　公募型共同研究「柳田國男収集考古資料の研究」2011～2013年度
1 柳田國男旧蔵考古資料の調査
2 遠野物語：デンデラ野の現地調査
3 「樺太紀行」に出てくる地名・遺跡の現地踏査（サハリンの栄浜、南貝塚など）
4 サハリン国立総合大学考古学博物館で関連遺物の調査（ソロイヨフカ遺跡群出土資料等）

柳田國男はどんな考古資料を収集したのか

柳田國男旧蔵考古資料は、柳田為正の収集品とともに、箱A〜箱Eの五つの段ボール箱に入れられていたが、この中にはラベルや包み紙、書付があり、収集時期や収集地がわかる資料がある。これらは柳田國男が、明治の終わり頃に何らかの目的で収集したり譲り受けた考古資料と考えられる。主に箱Aに入っていた石器や土器である。まずは柳田國男旧蔵考古資料の中でも最も重要なラベル付き資料を紹介したい。これには大きく分けて「サハリンで収集されたと考えられる資料」と「日本国内で収集された資料」がある。

サハリンで収集されたラベル付き資料

赤い縁取りのラベルが貼られた磨製石斧が六点ある。大型の磨製石斧（図11－4）には、「ソロイヨフ［　］吉川ニモラフ」とペンで書かれている。砂岩製の磨製石斧にも、「ソロイヨフカ」と読めるラベルが貼り付けてあった。柳田國男の「明治三十九年樺太紀行」（以下、樺太紀行、四四〜五三頁参照）には、九月一四日の日記に「ソロイヨフカには種畜場あり。（中略）ここにコロボックルの遺跡多し。先頃は飯島博士もあまた採収してかえられたり。事務所もあまた集めおけり」と記されている。また、九月一六日の日記には、「一時にソロイヨフカにつきたり。種畜場の吉川といふ男の案内にて、海岸の貝塚をほりたれど何もえず。丘の上をこころみ

図11　サハリンで収集されたラベル付きの石器
1　磨製石斧　「ソロ［　］吉川［　］」のラベル
4　磨製石斧　「ソロイヨフ［　］吉川ニモラフ」のラベル
5　磨製石斧　もともとは「田村」と書いてあったか？

たけれど、骨製の針一を得しのみなり。」とある。このことから、これらの石器は、「樺太紀行」に登場するソロイヨフカ種畜場の吉川から譲り受けた石器と考えられる。

一方、図11-5の細身の磨製石斧に貼られたラベルには元々は十数文字あり、「田村」と読める字があったとのことだが、現在ではそれもかすれてかろうじて判別ができる状態である。「田村」であったとすれば「樺太紀行」には同じく九月一九日の日記に、「長官漁業家の重立ちたる人を饗する會に列席。笹野（水産組合長?）、藤山（北海道の天監に農場を有せる人）、村上、米林、中山、桂、小倉、前田、吉松、小林、郵船の小寺など客なり。和田、榊原、田村、食後此人々の主する宴會あり、招かる。」と記されている。この田村から譲り受けた石器だろうか。あるいは、ソロイヨフカ種畜場事務所主任の「西村」（田ではく西だった場合）から譲り受けたものだろうか（四八頁参照）。

ソロイヨフカはアニワ湾に面した集落の名前で、近くには学史的に著名なオホーツク文化の鈴谷貝塚（Susuya I）、南貝塚（Solov'evka）などの遺跡がある（四四～五三頁参照）。一九〇五年（明治三八）に日露講和条約によって日本の領有となった南樺太には、その直後からさまざまな分野の学者や政府の役人たちが調査に入った。柳田國男もその一人であった。動物学や考古学、人類学も例外ではなく、一九〇六年（明治三九）には飯島魁《いさお》と下斗米《しもとまい》秀二郎がこれらの遺跡を踏査し、坪井正五郎・石田収蔵は一九〇七年（明治四〇）に鈴谷貝塚を発掘した。当時、考古遺物にも関心をもっていた柳田國男はサハリンで発掘をしたり、遺物を収集していたのである。

筆者等は二〇一一年・二〇一二年にサハリン国立総合大学の考古学博物館にあるソロイヨフ

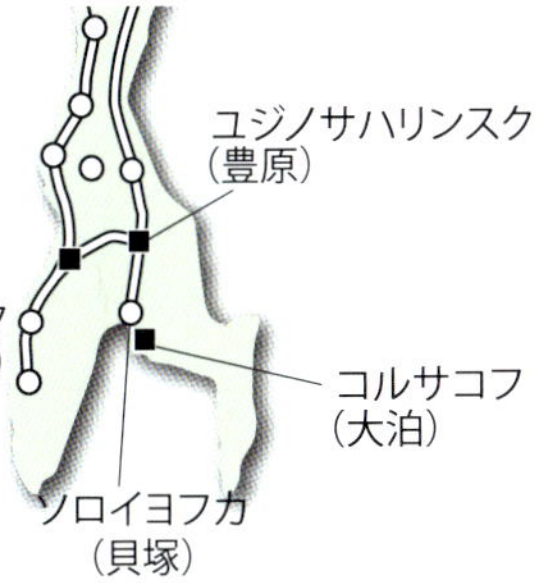

1

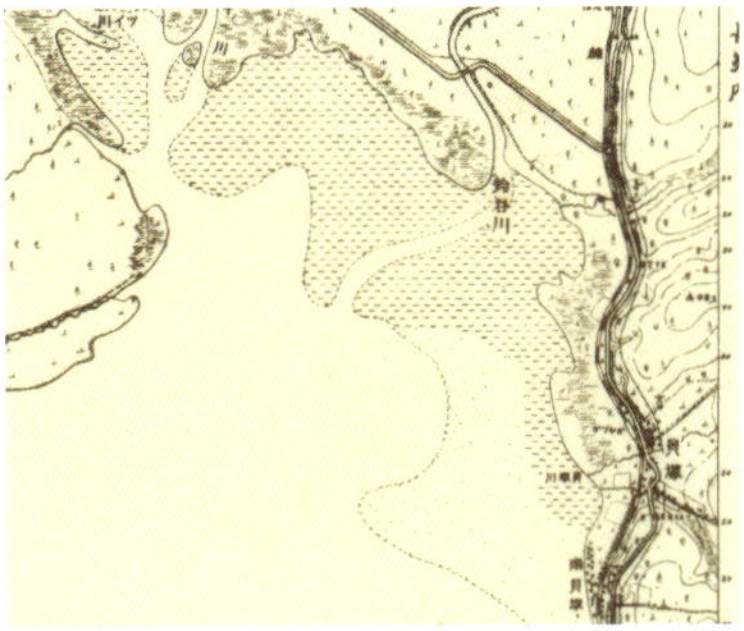

2

3

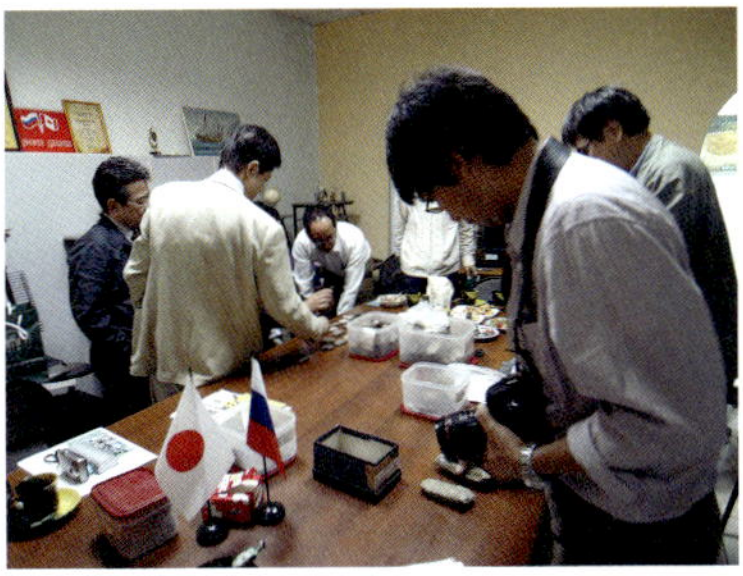

4

図12
1 ソロイヨフカはアニワ湾に注ぐ鈴谷川の河口付近にある集落。1928年（昭和3）の地図には貝塚、南貝塚の地名が書かれている。
2 南貝塚（写真手前）から鈴谷川河口を眺める。写真右手奥にソロイヨフカの集落がある。
3 南貝塚の現地調査（2012年9月）
4 サハリン国立総合大学での資料調査（2012年9月）

カ遺跡群の考古資料やソロイヨフカの現地を調査した（図12）。柳田國男旧蔵考古資料のラベル付き磨製石斧には、断面が四角い細身の磨製石斧があり、ソロイヨフカ遺跡群のオホーツク文化期の石斧の特徴とよく一致している。以上のことから、これらはサハリンのソロイヨフカ周辺で収集したオホーツク文化期の遺物であり、柳田國男が一九〇六年（明治三九）にサハリンを旅行した際に、現地で譲り受けた資料と考えてよいだろう。

●日本国内で収集されたラベル付き資料

図13-1の打製石斧には、「信［ ］伊那下川路□□村□原山上柳」と書かれた、サハリンの石器に貼られたものと同じ赤い縁取りのラベルが貼られている。図13-2は小型の打製石斧で、文字はかすれてほとんど読めないが「信□□下川□□□山」のラベルが貼られている。これらは現在の長野県飯田市で収集された縄文時代の打製石斧であろう。柳田國男は一九〇一年（明治三四）と一九〇六年（明治三九）に信州旅行に出かけており、その際に収集した石器だろうか。図13-3の局部磨製石斧には、「［ ］郡下戸塚□田馬場水稲荷境内」のラベルが貼られている（四〇～四三頁参照）。収集時期は不明だが、柳田為正の資料・ラベル・文字とは大きく異なることから（七〇～七一頁参照）、柳田國男が収集した資料の可能性が高い。

●和紙に墨書きで注記がされた資料

箱Eの中には、和紙に包まれて四点の石器・自然石があった。硬質頁岩製の剝片、頁岩製の

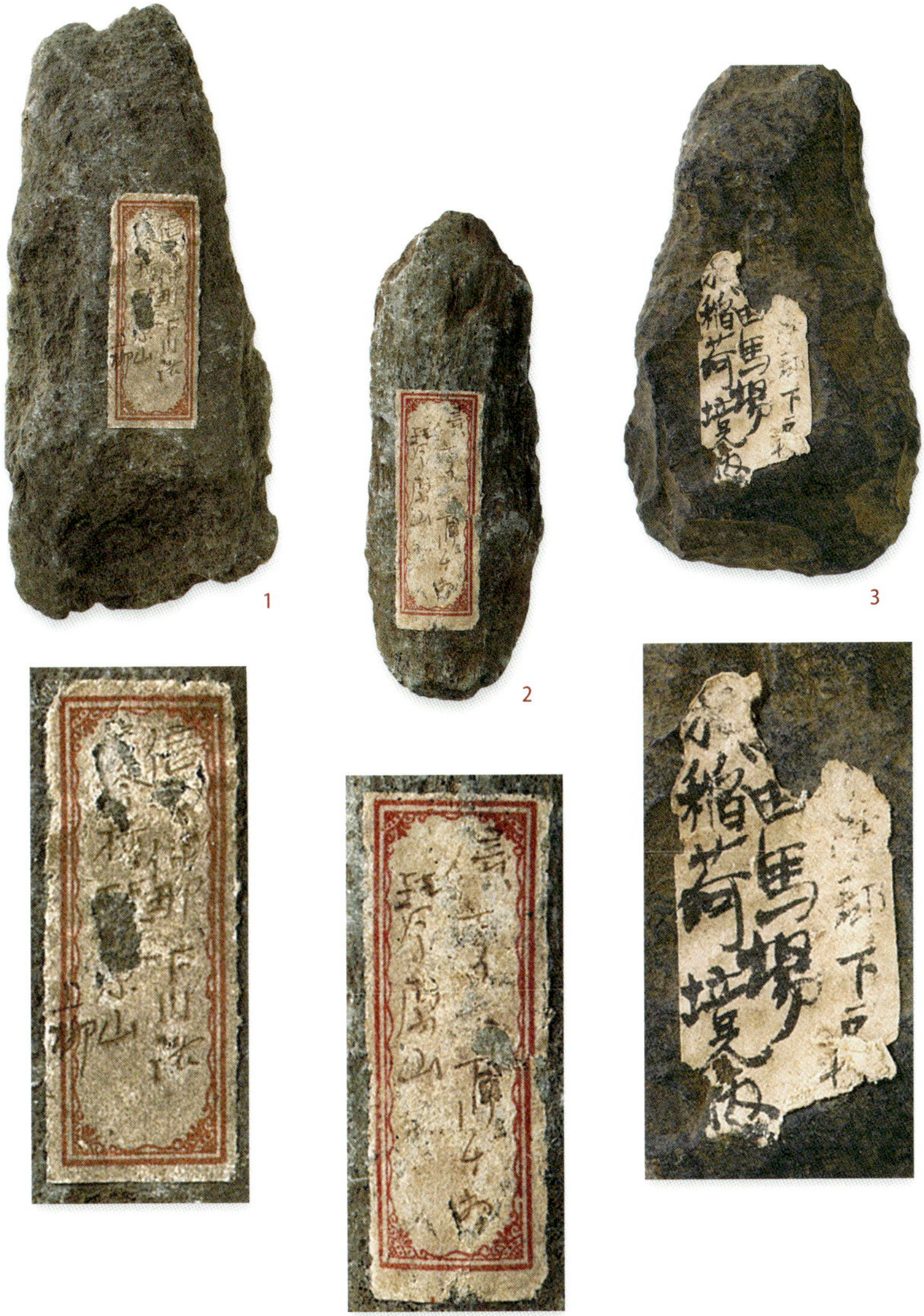

図13　日本国内の地名が注記されたラベル付きの石器
1「信［　］伊那下川路□□村□原山上柳」のラベルが貼られた打製石斧
2「信□□□下川□□□□山」のラベルが貼られた打製石斧
3「［　］郡下戸塚□田馬場水稲荷境内」のラベルが貼られた局部磨製石斧

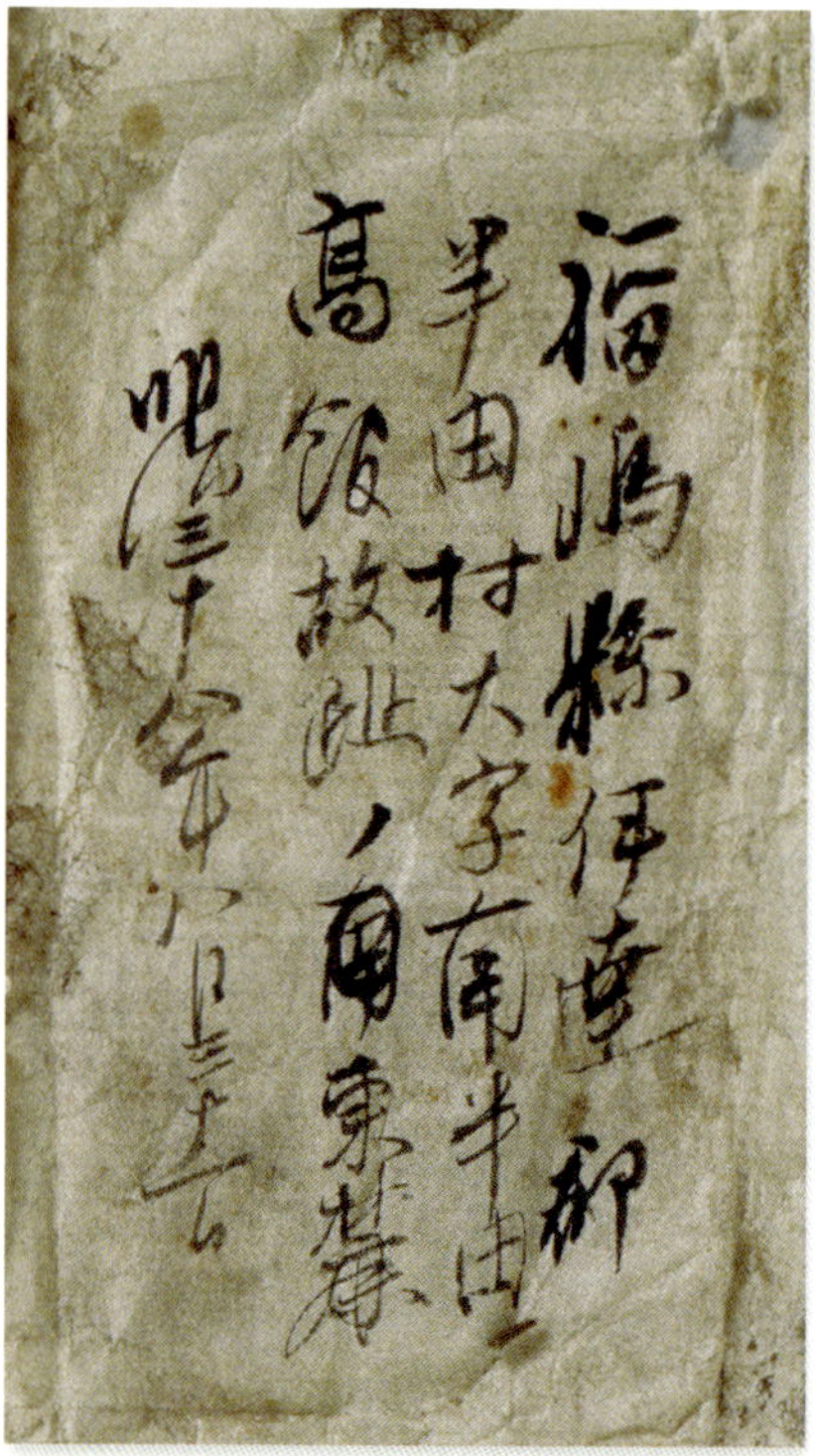

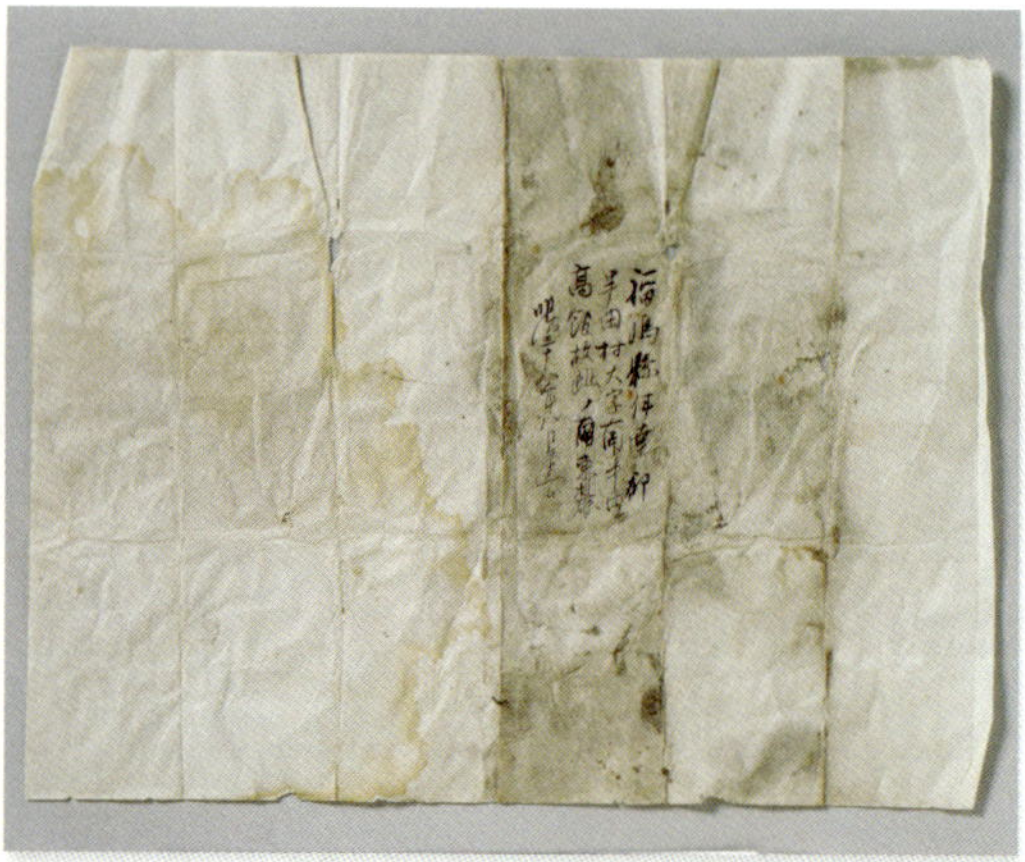

図14　「福島縣伊達郡半田村大字南半田髙飯故趾ノ南東麓
明治三十八年八月三十一日」の墨書が書かれた和紙と、
和紙に包まれていた４点の石器

二次加工剝片、楔形石器、石英もしくはメノウの自然石である。和紙には「福島縣伊達郡　半田村大字南半田高飯故趾ノ南東麓　明治三十八年八月三十一日」と墨書きがあった。柳田國男は一九〇五年（明治三八）八月三〇日〜九月一二日に福島県を旅行しており、その際に収集した資料と考えてよいだろう。

このほか、ラベルはないが、新聞紙などに包まれ、収集時期がある程度絞り込める資料がある。いずれも箱Aの中に入っていたものである。

●東京日日新聞に包まれた資料

一九〇六年（明治三九）九月二四日発行の東京日日新聞に、完形の四点の石器が包まれていた。ガラス質安山岩・ホルンフェルス製の尖頭器と削器である。

●御霊文学座の番付に包まれた石器

一九〇九年（明治四二）一一月一日発行の御霊文楽座の番付に一点の磨製石斧が包まれていた。石器にラベル

図16　明治42年11月1日「御霊文楽座番付」に包まれた石器

図15　明治39年9月24日「東京日日新聞」に包まれた石器

はなかった。

●日付不明の新聞紙に包まれた石器

蛇紋岩製の磨製石斧が包まれた状態であり、小さなラベルが貼られていたが、文字は読めなかった。この新聞紙には東郷吉太郎著『掃露余風：日露海戦記』一九〇七年（明治四〇）の紹介などの記事があることから、この年頃に発行された新聞と推測できる。

●日付不明の新聞紙に包まれた土器片

新聞紙には佐藤信子著『安價生活料理法』一九一六年（大正五）や、谷本富著『大學講義全集』一九一五年（大正四）の再版、天丁著『世界之王政復古』一九一六年（大正五）などの広告がみられることから、大正五年頃の新聞紙と考えてよいだろう。新聞紙の中には続縄文土器もしくはオホーツク土器の破片が入っていた。北海道・サハリン旅行の時期と新聞紙の時期が異なるが、後になって包み直されたものだろうか。詳細は不明である。

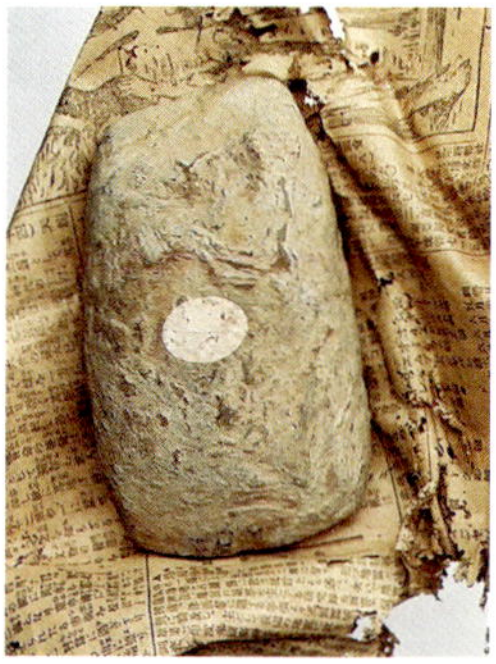

図17　日付不明の新聞紙に包まれた石器

図18　日付不明の新聞紙に包まれた土器

●名刺箱に入った資料

一〇×六・五センチメートルの名刺箱に入れられていた石器や貝化石がある（図19上段）。内容は尖頭器二点、石鏃二点、石錐一点、二次加工剥片二点、剥片二点、琥珀一点、貝化石二点、動物の歯一点、自然礫一点である。名刺箱にラベルや注記等はなく、収集地や出土地に関する情報はないが、名刺箱には「柳田」と書かれている。石器の石材は安山岩製の尖頭器が一点あるほかは、東北・北海道・サハリンで一般的に使用される硬質頁岩製の石器が多い。有茎式の尖頭器は、サハリンのアニワ湾に所在する鈴谷貝塚の最上層から出土した石器の特徴とも類似しており、サハリンにあってもおかしくない尖頭器である。鈴谷貝塚最上層の石器の石材は「名刺箱」の石器類に用いられた石材と類似している。サハリンは琥珀の産地でもある。石器・土器だけでなく貝化石が含まれている点からは、博物学的な収集の様子がうかがえる。したがってこの名刺箱と中に入っていた石器や化石類は柳田國男に関連する資料と考えられる。

●その他、柳田國男との関連が考えられる資料

図19中段は箱Aに入っていたオホーツク文化の十和田式土器の破片である。図20上段は石器類である。黒曜石製の石鏃が二点、剥片が一点のほか、黒曜石の原石もあった。図19下段は箱Bに入っていた縄文土器で、北海道の御殿山式土器、突瘤文土器である。ラベルや包み紙はなかったものの、土器の由来から考えて柳田為正の収集品とは考えられない資料であり、柳田國男の収集品とみてよいだろう。ラベル付きの石斧類と同じく、北海道・樺太旅行との関係が想

「柳田」と書かれた名刺箱と、名刺箱に入っていた15点の石器・貝化石・琥珀など（箱A）

北海道・サハリン方面のオホーツク文化の十和田式土器（箱A）

北海道の縄文時代後期の土器（箱B）（御殿山式、突瘤文土器）

図19　柳田國男との関係が考えられる資料

書付和紙の断簡。「信州下伊那下川路［　］原山」「□鏃六顆下伊那郡□□」などの文字が読める

採集地不明の石器（黒曜石原石、石鏃など）

採集地不明の石器（有段式磨製石斧、有孔石製品）

図20　柳田國男との関係が考えられる資料

定される。このほか、元箱不明の書付和紙断簡もあった（図20上段左）。

図20下段は段ボール箱ではなく、柳田為正が自宅の図書を整理していた際に見つけた石器であり、有段式の小型の磨製石斧が二点と有孔石製品が一点である。形態的には東京周辺の遺跡に類例はなく、サハリンや北海道、あるいは日本列島でもほとんど類例がない形態の石器であり、出土地は不明である。しかし柳田為正が収集できそうな石器でないことから、柳田國男が譲り受けるなどして収集した石器であった可能性が考えられる。

以上、「柳田國男旧蔵考古資料」のうち、柳田國男との関連がとくに強い資料を紹介した。収集地・収集時期が推定できる資料は一九〇一年（明治三四）ないし一九〇五年（明治三八）から一九〇九年（明治四二）までの間に集中している。この頃、柳田國男は一九〇三年（明治三六）には考古学会に、一九一〇年（明治四三）には人類学会にも入会している。まだ考古学・人類学も未分化で方法論も確立していない時期であり、民俗学も成立していなかった明治後期には、『考古学雑誌』でも信仰問題等の論文が掲載されることも多かった。一九一一年（明治四四）に柳田國男は南方熊楠に考古学会への入会を勧めているくらいである。また、人類学会ではアイヌ・コロボックル論争や固有日本人論などの日本人種論が真っ盛りだった。一九〇四年（明治三七）の日露戦争による樺太の割譲、一九一〇年（明治四三）の日韓併合という東アジア社会の激動の中で、「日本人とはなにか」という自らの民族の由来を示さねばならない時期であった。柳田國男が考古遺物を収集した背景には、こうした日本を取り巻く国家的・社会的・学問的な動きが大きく関係していたことは間違いないだろう。

【工藤雄一郎】

COLUMN

石器の利用法からみた柳田國男旧蔵考古資料

石器の研究方法のひとつに、使用痕分析法がある。これは、石器の表面にのこされた痕跡（使用痕）を手がかりに、その石器が何に使われたのかをさぐる方法である。さまざまな手法があるが、一般的な手法では顕微鏡で石器の表面を観察することにより、その石器が使われることによってできた表面の摩耗やキズを探し出す。それらの特徴をもとに、どのような対象物に、どのような作業で使われた石器であるのかが推定できる。

この手法を、柳田國男旧蔵考古資料の石器全点（装飾品・礫をのぞく四三点）に適用したところ、出土地不明の石匙一点、石錐一点、磨製石斧一点、サハリンのソロイヨフカ出土の磨製石斧一点の計四点に使用痕が確認された。使用痕の特徴から、石匙は木やイネ科草本の切断や角・骨の切断に（図21）、石錐は硬質の動

図21　石匙に認められた使用痕（100倍）。植物に対して用いられたときに特徴的に形成される摩耗面が広い範囲に分布している。キズは刃縁部に対して平行方向のものが主となっている。

物質資源（貝または角・骨）の穿孔に用いられたと推定された（図22）。こうした利用法にくわえて、石器の形態、使われている岩石（硬質頁岩）が東北地方や北海道南部の縄文文化との共通性が高いため、これらの地域で採集された資料の可能性が想定できる。いっぽう、磨製石斧は木に対して使用されたと考えられ、伐採用の斧として用いられたものと（図23）、木材加工用の斧として用いられたものの双方が確認された（図24）。

これらの分析結果は、資料が贋作ではなく、真正の考古資料であることの傍証となる。また、サハリン出土の石器はこれまでに使用痕分析が実施されたことはなかったが、この分析結果によって使用痕分析法が応用可能であることが示された。サハリンの新石器時代やオホーツク文化などの経済の解明は北海道にくらべて大きく遅れをとっているが、石器使用痕分析法がその研究に貢献できることを柳田國男旧蔵考古資料が明確に物語っている。

【高瀬克範】

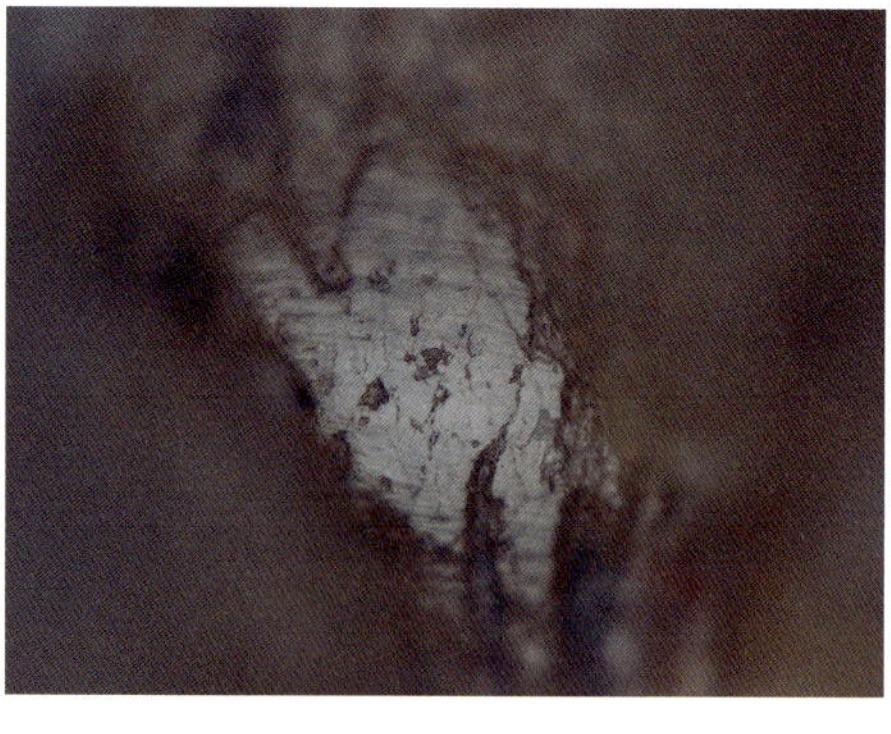

図22　石錐に認められた使用痕（200倍）。刃部の稜線上に平坦な摩耗面がみえる。キズは刃部に対して直交方向で、孔をあける動作で用いられたと推定される。

図23　伐採用の斧に認められた使用痕（200倍）。明るく滑らかで、断面が丸みを帯びた摩耗面が確認される。

図24　木材加工用の斧に認められた使用痕（200倍）。摩耗面の特徴は図23と同じであるが、摩耗面の分布やキズの方向から、伐採ではなく木材の加工に用いられたと推定される。

柳田考古遺物の採集地はどこか？①
——明治後期における柳田國男の旅行先

「柳田國男旧蔵考古遺物」が収集されたのは、おおよそ明治後期から大正時代にかけてであることがわかった。この頃、柳田國男はどんな場所に出かけていたのだろうか。柳田の旅行先を調べることは考古遺物がどの場所で採集されたものなのかを明らかにするうえで重要であるので、残された旅行などの記録と考古資料のラベルや注記とを対比してみよう。

柳田の明治三〇～四〇年代は、二〇代後半から三〇代であり、公私ともに大きな変化があった青壮年期であった。農政にかかわる専門家として大学で農政学を講じ、官僚として産業組合関係の講習会で全国を旅している。樺太への旅行もこの時期である。そして柳田家への養嗣子となったことにより、柳田家のある長野県飯田にも足を運んでいる。柳田が所有していた考古資料はこの時期に採集されたものが中心と考えられる。

まず図25の局部磨製石斧には「[　]郡下戸塚　□田馬場　水稲荷境内」の文字がある。「田馬場」から高田馬場そして水稲荷境内からこの近隣の「水稲荷神社」が推定される。ただし水稲荷神社は現在の所在地と違い、今の早稲田大学敷地内にあったようである。そして最初のかっこには［豊多摩］が入ると推定される。柳田は早稲田大学で一九〇〇～〇四年（明治三三～三七）まで「農政学」を講じていることからこの時期に採集したものの可能性が高い。

そして剝片、自然小礫が包まれた書付和紙（図26）には「福島縣伊達郡　半田村大字南半田

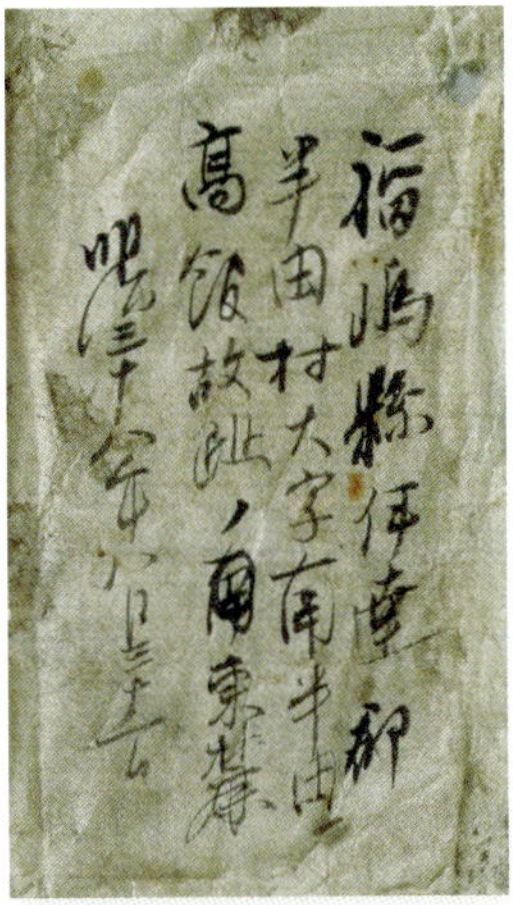

図26　書付和紙：和紙は縦3つ、横3つに折られて自然小礫などが包まれ、表紙に注記がある。

図25　局部磨製石斧：白地に縁取りのないラベルに注記されている。

髙飯故趾ノ南東麓　明治三十八年八月三十一日」と明らかな場所と年代が記されている。一九〇五年（明治三八）、農商務省嘱託として八月三〇日～九月一二日にかけて福島旅行に出向いているので、このときの採集である可能性が高い。ただし『定本　柳田國男集』の年譜では「勢至堂峠を越えて白河へ」とあり、半田村のある現在の伊達郡桑折町とは八〇キロ近い距離があるので、確定しがたいが、全県的な講演旅行であったようなので、この年の採集と推認できる。

最後に三点目にあげる「信［　］伊那、下川路、□□村□原山、上柳」と注記されたラベルの打製石斧（図27）である。こちらは「下川路」の文字が見えるので現在の飯田市下川路地区であろう。残念ながら欠けた文字の推定はしがたく、村の前は「今」とみることが可能であるので、候補地としては「今村」という字名がある天竜峡駅近くでの遺物である可能性がある。しかし柳田がいつこのあたりに出向いたかについての確定は難しい。ここで注記ラベルに着目すると、樺太旅行に行ったときの採集遺物の注記ラベル（図28）と同じデザインのものが貼られている。樺太旅行は一九〇六年（明治三九）であるので、この年に近い飯田への旅行の

図28　磨製石斧：樺太で採集されたもの。注記ラベルは図27同様、白地に赤の縁取りがある。

図27　打製石斧：注記ラベルは、白地に赤の縁取りがある。

ときと考えられる。この年に近い旅行は、一九〇一年（明治三四）のはじめての飯田訪問があげられる。養嗣子になった柳田家への最初の訪問をした年である。また、ほぼ長野全県周遊する講演旅行であり「信州の一市十六郡のうち、木曽一郡を残した全県下を草履履きで、しんみりと歩いたことを覚えている」（『故郷七十年』）と記している。もうひとつの長野訪問は、一九〇六年（明治三九）、樺太旅行に行く前の八月に長野県内を周遊している。樺太で採集した遺物のラベルと同じデザインということもあり、この年に採集した可能性が高いが、定本年譜には「上諏訪―下諏訪―別所―上田―磯部を回り帰京」とあり、上諏訪から北上しながら長野県内を移動し東京に戻っていることから、この記載の限りでは下伊那にあたる飯田市下川路地区は立ち寄る道筋とはいえない。どちらかの年での採集と推認できるが、ラベルのデザインを考えると、一九〇六年（明治三九）の可能性が高いと思われる。注記ラベルの柳田が記した文字も大きな手がかりであるが、ラベルのデザインに注目すると、所有していた考古遺物がいつ採集されたかを推認する手がかりとなる可能性が広がると思えるのである。

以上のように、日本国内で採集された三つの資料は、図25が一

表2　1900年代の柳田國男の旅程と主な活動

＊『別冊柳田國男伝』年譜、『定本』別巻5の年譜をもとに本文に関わる箇所を中心に整理した。

西暦	和暦	柳田の年齢	柳田國男の活動（主として旅行を中心に）
1900	明治33	25	（7月10日）東京帝国大学法科大学政治学科卒業／農商務省農務局勤務／秋に柳田家に養嗣子になることが決まる／早稲田大学での講義「農政学」始まる（～1904年）
1901	明治34	26	（5月4日）柳田家の養嗣子として入籍するための「引取式」行われる／（5月29日）柳田直平の婿養子として入籍／（8月）小諸に島崎藤村を訪問／（11月～12月）農会関係の講習会を目的に信州を縦断する旅行（はじめて飯田を訪れる）
1902	明治35	27	（8月）農事試験場の視察を目的に東北旅行
1903	明治36	28	（2月）生家の福崎から山陽・関西方面の旅行
1904	明治37	29	（4月9日）婚約中であった柳田直平四女孝（17才）と結婚
1905	明治38	30	（1月）水戸、奈良へと産業組合に関する講演旅行／（8月30日～9月12日）福島県各地産業組合関係の講演ののち、猪苗代湖畔から安曇郡三代村の馬市を見、勢至堂峠を越えて白川へ（この年国内旅行による自宅不在日数94日）／（10月30日～11月12日）愛知県下産業組合役員協議会に産業組合中央会代表として出席、講演ののち水利組合を見て回る
1906	明治39	31	（8月6～16日）信州旅行。上諏訪―下諏訪―別所―上田―磯部を回り帰郷／（8月22日～10月20日）東北、北海道旅行そのうち9月12日～10月2日が樺太旅行
1907	明治40	32	（5月19日～6月16日）新潟、山形、秋田、福島を回り産業組合についての講演（9月6日～9日）信州・上州旅行北佐久郡御代田、志賀村そして藤岡―児玉―寄居を経て帰宅
1908	明治41	33	佐々木喜善、柳田に遠野の話を始める／（5月下旬～3カ月）九州・四国の旅行
1909	明治42	34	（3月）『後狩詞記』刊行／（5月25日～7月8日）飛騨、木曽、北陸路旅行を経て生野、辻川（兵庫県、柳田の生家関係）に立ち寄る
1910	明治43	35	（5月）『石神問答』（6月）『遠野物語』刊行／（12月）新渡戸稲造宅で郷土会開催

九〇〇～〇四年頃（明治三三～三七）の早稲田大学構内（水稲荷神社のもとの所在地）、図26が一九〇五年（明治三八）の福島県伊達郡半田村（現在の桑折町）、図27が一九〇六年（明治三九）の旅行で立ち寄ったと思われる長野県下伊那郡下川路（現在の飯田市）の資料である可能性が高いことがわかった。つまり、次に述べる一九〇六年の北海道・東北・樺太旅行とも近い時期であることは明らかであり、柳田の考古資料へ関心をもっていた時期が明治後期を中心としていたことがはっきりと読み取れるのである。

【和田　健】

表3　樺太紀行の旅程：柳田國男の「明治三十九年樺太紀行」から構成。この小編は、実際の樺太での旅から半世紀以上あとの1958年（昭和33）に、生成会同人が発行していた雑誌『心』に公表されたが、おそらく当時の日記にもとづくものである。

柳田考古遺物の採集地はどこか？②——樺太紀行の旅程

「柳田國男旧蔵考古資料」には、明らかにサハリンで採集したと思われる石器があった。ここでは、柳田が著した「明治三十九年樺太紀行」から、柳田の樺太での行程（表3）をたどっていこう。

「明治三十九年樺太紀行」〔『柳田國男全集』第三三巻：二五六―二六八頁（以下、紀行と略す）〕の旅は、一九〇六年（明治三九）の東北・北海道の視察旅行の延長であった。九月一一日の早朝七時小樽からの船はアニワ湾に錨を降ろし柳田はコルサコフ（大泊）に上陸した。柳田は到着後最初の三日間、この町に留まる。柳田を出迎えた「榊原支署長

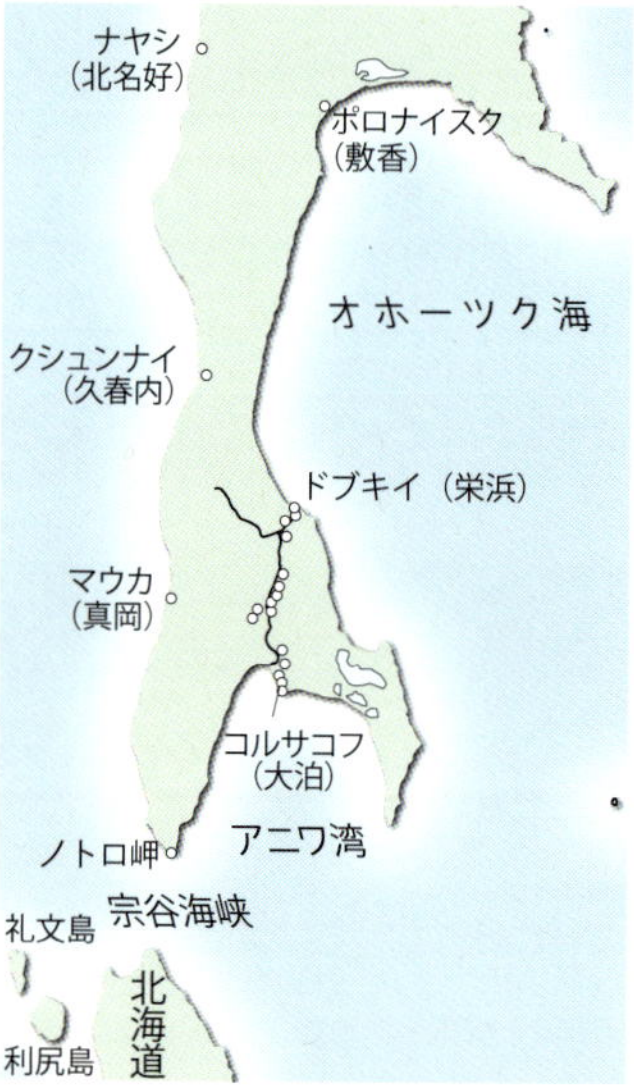

図29　左：コルサコフからドブキイまで（『樺太植民地撰定報文』［樺太庁1910］の地図をもとに加工）
右：コルサコフ・マウカ・クシュンナイ・ナヤシ（「樺太古地図」『定本柳田國男集』第2巻、453頁を加工）

日付	訪問地その他	同行者あるいは出会った人
9/9	朝6時旭川発→12時札幌（山形屋）…5時札幌発→7時小樽（越中屋） 夜10時小樽より乗船	
9/10	朝4時出発→夜8時半稚内着→10時半出発	
9/11	朝7時半アニワ湾着	榊原（支署長）、尾崎（事務官）、楠瀬（司令官）、熊谷（長官）、和田
9/12	コルサコフ	茂木（民政署）、桑名（民政署）、司令官、経理部長、憲兵隊長、民政署の人びと、長官
9/13	コルサコフ	月居（技手）、桑名（技手）、片寄（民政署属）、矢木・楠瀬（少将・司令官）、岡沢（参謀）、浅野（経理部長）、恒屋（副官）、某中尉、浦野（憲兵隊長）、某通信部長、某工兵大尉、和田・榊原（民政署）、田村・橋本（工学士）、秋元（通訳）、小倉基
9/14	朝7時過ぎコルサコフ発→ウラジミロフカ着 ペリワヤ ソロイヨフカ ミツリョフカ リストウァニチノエ ホムトフカ パリシャヤエラニ ウラジミロフカ	同行者は、桑名・茂木・村田 西村（種畜場主任） 的場某（岡山県の人） 竹田（通訳）、佐藤三吾（前支署長）
9/15	ウラジミロフカ発→ガルキノウラスコエ着 ルゴウォエ ノオエアレクサンドルスコエ ベレズニヤキイ クレストイ ポルショエタコエ マロエタコエ ガルキノウラスコエ	同行者は、桑名・茂木・村田に、竹田（通訳）、石山（属） 平尾（ガルキノウラスコエ出張所長）、宍戸（ウラジミロフカ署員） 某（牧場管理人） 加藤（住人） 古林（測量部員）、東（出張所員）、有海（通訳）
9/16	ガルキノウラスコエを拠点に周辺を視察 マロエチキノ ニコライエフスコエ ドブキイ サカイ浜 ナイブチ マロエチキノ ガルキノウラスコエ	同行者は、東 途上でアイヌの近藤太郎（ワシリ）、仙徳清之助、中島宗太と会う 小林（山本己之助の漁場管理者） 仙徳清之助の母と妻（渡し守） 古林
9/17	ガルキノウラスコエ発→ウラジミロフカ着 ベレズニヤキイ ルゴウォエ ウラジミロフカ	同行者は、東・（桑名・茂木・村田？） 秋元（支署長）
9/18	ウラジミロフカを拠点に周辺を視察 ブリヂネエ トロイツコエ ウラジミロフカ	案内者は、宍戸 花車円瑞（浄土宗布教師）、[桑名・茂木と分かれて行動] 西風信之助（紀州那賀郡の人） 稲垣（通訳）、竹田、瀬川少尉（憲兵隊）
9/19	ウラジミロフカ発→コルサコフ着 ミツリョフカ ソロイヨフカ ペリワヤ コルサコフ	 吉川（種畜場）、西村 長官、笹野（水産組合長？）、藤山（北海道の農場主）、村上・米林・中山・桂・小倉・前田・吉松・米田・小林・小寺（郵船）、和田・榊原・田村
9/20	夕方8時コルサコフ発→マウカに向かう（船中泊）	同行者は、長官、橋本工学士、片寄・林、片岡（マウカの医務官）
9/21	5時頃にマウカ着 マウカ	 森良綱（支署長）、金沢辰次郎
9/22	マウカ市中（風で船が出ず）	歓迎会120人。浅野（経理部長）、飯野（中隊長）、小児
9/23	マウカ市中（風で船が出ず）	山下・辻（町民）、昊澄良（コルサコフ）、片岡
9/24	夕方マウカ発→北のクシュンナイに向かう（船中泊）	山下・奥村（町民）、長官、片寄、橋本
9/25	クシュンナイ沖（上陸出来ず）→夜更けに引き返す	石川、浅野、飯野
9/26	北（ナヤシ）引き返す、マウカ→ノトロ（湾内に）	
9/27	8時にコルサコフ上陸	榊原、森本・内山など5人（政友会議員）、茂木、秋元、横田、長官
9/28	コルサコフを拠点に周辺を視察 ウゴリナパチ コルサコフ	案内者は、桑名 尾中、森本・丹後・奥野・青柳・内山の5議員。田原・天野・浅の・浦の（司令部の軍人）、竹田、柳瀬
9/29	コルサコフ	桑名、小林（書記官）、田原大尉、橋本・竹田
9/30	コルサコフ	浅野（経理部長）、田村（技師）、井上（子爵）、榊原
10/1	午後2時コルサコフ発→小樽	田原大尉、緒形（鉱山部）、船の同乗者は、井上（子爵）、大坪（富山の漁業者）、薬師寺某（本願寺布教者）
10/2	1時半小樽着	

図30　明治40年頃の大泊

図31　絵はがき／樺太大泊栄町および其の付近

図32　絵はがき／元ボロアン泊（ポロアントマリ）港と栄町の景

は、樺太民政署大泊支署（のちの樺太庁大泊支庁）の長で、農商務省の役人としての視察だったからであろう。宿泊のために身を寄せたのは「尾崎事務官」の民政署の官舎で、おそらく支署のあった楠渓《なんけい》町の近くだと思われる。その日のうちに挨拶に行った「楠瀬司令官」は、当時樺太守備隊の司令官であり、後に初代の樺太庁長官となる陸軍の楠瀬幸彦《くすのせさちひこ》、「熊谷長官」は最初の樺太民政署長官をつとめた熊谷喜一郎である。

コルサコフの町の当時の様子は、絵はがきなどから想像することができる。柳田が訪ねた時期のコルサコフの港は、西鶴定嘉《にしつるさだか》の『新撰 大泊史』（一九三九年）に「明治四〇年頃の大泊」（図30）として載せられている写真からうかがえる。ほぼ同じ頃に、すこし港内にずれた場所から撮られた写真を絵はがきにしたもの（図31）もある。もうひとつの絵はがき（図32）は、ポロアントマリと呼ばれたこの港を逆の北側から撮している。建物等々の状態から、これもほぼ同じ時期のものだろう。

柳田がこの地を訪れたのは、日露戦争終結後ほぼ一年の時点で、鉄道もまだ敷設されていない時期だが、コルサコフは樺太の玄関口として、このあと着実に発展し、約三〇年後の昭和一〇年代には港も整備され、鉄道の駅を中心に市街地が南の丘のうえにまで拡がっていく。

二日目の一二日の「農事試作場に行て見んと左の山間に入りしも道わからずしてかへりぬ」［紀行：二五八頁］とあるのは、午前中の散歩である。この農事試作場は『南部樺太農事概況調査書』（樺太民政署、一九〇七年二月）が「ウーゴリナパーチ農事仮試作場」として紹介しているところだろう。「午後守備隊病院の横手より山の中をぬけて大泊に行く」［紀行：二五八頁］とは、後に「神楽ヶ岡公園」となる市内中央の小高い丘陵を抜けて、大泊の中心市街地である栄町や本町のほうを散策したことを指す。「到るところ半成の家、工を急ぎ、盛なるものなり」〔同〕とは、日露戦争後の建設ラッシュと新築景気と対応している。コルサコフは戦火で街の多くが焼失し、占領直後の住宅不足はたいへん深刻であった。

四日目の一四日に、ウラジミロフカすなわち後の「豊原」に向けて、朝七時に借りた馬に乗って出立する。印象深いのは、柳田が当時の地図にロシア語名で載っている、途中のひとつひとつの集落を、ほぼ漏れなく日記に言及していることである。地理的に街道沿いにしか集落がないからでもあるが、地図を携行しながら人家の集まりの位置を確かめて通ったからだろう。「ソロイヨフカには種畜場あり」〔紀行：二五九頁〕（図33）という。この種畜場事務所に立ち寄って、主任の「西村」という人物の「米沢弁」での熱心な説明を聞く。目をひくのは「ここにコロボックルの遺跡多し。先頃は飯島博士もあまた採取してかへられたり。事務所もあまた集めおけり」〔同〕という記載である。「飯島博士」は動物学者の飯島魁で、一九〇六年（明治三九）五月に樺太を訪ね、八月に帰国した。種畜所所長の小田島末蔵は東京人類学会の会員でもあり、一九〇七年（明治四〇）の坪井らとの学術調査の際にも貝塚調査の便宜をはかってくれた。

この河畔の貝塚は、彼らによって「ススヤ貝塚」と名づけられる北の貝塚（図34）で、種畜所職員の「釜澤氏」が発見していたものだという。種畜所の所長以下複数の職員が、本来の農事業務のほか、考古学に特別な関心を抱いていたことがわかる。共同研究の考古資料のうち「ソロイヨフカ」のラベルがある石斧などは、この事務所がすでに多数集めてあった発掘品の中から、いわば「みやげ」として、帰路立ち寄った際に贈呈されたものの可能性が高い。ソロイヨフカは「南貝塚」としてその遺跡の名前が知られている（図35）。この日の旅で柳田は、仕事を求めてきた労働者の数百人におよぶ群れと出会い、また川を遡る魚の多さにおどろく。

図33　柳田國男が訪れた1906年のソロイヨフカ種畜場の様子
図34　鈴谷川に架かる橋から下流を望む。下流左岸が鈴谷貝塚
図35　ソロイヨフカ（南貝塚）遺跡の遠景。正面道路右側の台地上が遺跡（A. モジャーエフ撮影）

七時になってたどり着いたウラジミロフカは、林を開いて旧市街の南郊外に新しい市街を作ろうと区画を定めたばかりで、移住者の流入で住宅は不足しつつあった。そうした住み替えと移住拡張の現実を目にして、柳田の観察が「林の中に露人の墓地あり。末は如何になるべきかと思ふ」〔紀行：二六〇頁〕という墓の行く末におよんでいるのは興味深い。

五日目の一五日には、さらに北のガルキノウラスコエ（落合）をめざして、草深い野を進んでいる。目的地までの街道も一本道で、柳田はルゴウォエ（草野）、ノオエアレクサンドルスコエ（小沼）、ベレズニヤキイ（富岡）、クレストイ（深雪）、ポルショエタコエ（大谷）、マロエタコエ（小谷）、ガルキノウラスコエ（落合）と馬を進めていく。

この日の日記で印象に残るのが、「殺人犯」という語のくりかえしである。ルゴウォエでは村長の家で休むが、「主人夫妻は不在。この村長も殺人犯なり」〔同〕と言及し、ポルショエタコエの沿道近くの美しい家の以前の持主について「独乙種の露人マルテンといふ殺人犯なり。六十八にて妻もここにてもらひたる殺人犯なり。情夫の為に夫と十四になる男の児をころせし者なり」〔紀行：二六一頁〕と書きとめる。「殺人犯」であるとの解説は、この紀行の「はしがき」部分で回想しているように、同行者の「殆ど信じ難いやうな話」〔紀行：二五六頁〕を引き写したものであったかもしれない。しかし、この記述には樺太がもともとロシアの流刑の地であったという以上の意味がある。この時代の柳田の特有の関心にもとづくもので、同地の異常性を強調するものではなく、流刑者とその末裔にも、生き抜いていかなければならない日常があることの強調ではなかったか。それはこの二年の後に聞き書きが始まる『遠野物語』の村人の運命や人生への興味と接続している。

この日の観察でもうひとつ特徴的なのが焼けて黒くなった木への言及である。野火を原因とするものであるが、柳田の分析は自然現象としてかたづけていない。すなわち、従来はロシア政府が厳密に防御策を講じていたが、戦争の混乱の中で取り締まりがゆるんだという社会政策的な課題であると理解している。

六日目の一六日は、ドブキイに向かう。マロエチキノを過ぎて、ニコライエフスコエ、ドブキイ（栄浜）へと川に沿って進み、海岸のサカイ浜へ行って山本己之助の漁場を視察、そこからドブキイへと戻って、もうすこし北のナイブチ（内淵）を訪ね、アイヌの家を見ている（図36）。アイヌとともに、この日の見聞記録に特徴的なのは「竪穴」への言及である。サカイ浜にお

図36　栄浜のアイヌ部落

図37　上　サカイ浜（ドブキイ）の海岸の様子（2012年9月）
下　内淵（ナイブチ）遺跡（2012年9月）：柳田國男が明治39年に見たときと同様に現在も竪穴の窪みが残る。

いて「渚に近き草野に竪穴のあと多し」［紀行：二六二頁］と指摘し、ナイブチの海岸を望む川岸でも「此道にも竪穴あまたあり」［同］と記す。サカイ浜では「従者にほらせたれど砂のみにて何も出でず」［同］と、遺物や考古資料への関心もうかがえる。

七日目はウラジミロフカへの帰路で朝の雨の中を来た道筋にそって帰り、八日目は、ウラジミロフカを拠点に八キロばかり離れたトロイツコエを徒歩で訪ねた。

九日目の一九日は、ウラジミロフカを出てコルサコフへ戻る途中、ふたたびソロイヨフカの種畜場に寄っている。「種畜場の吉川といふ男の案内にて、海岸の貝塚をほりたれど何もえず。丘の上のをこころみたれど、骨製の針一を得しのミなり」［紀行：二六四頁］という一文は、残された考古資料と関連をもつ一節で、入手の経緯を暗示する。柳田がソロイヨフカから持ち帰ったと思われる磨製石斧などは、この事務所が集めていたものを恵与された可能性が高い。

コルサコフに帰った夕方、柳田は漁業関係者の晩餐会に列席する。そこで前日行われた漁場の入札結果を聞き、その向こう見ずの漁業者気風の危険と、乱獲の弊に結びつく問題や、密漁の競争ともいうべき事態を危惧している。

一〇日目の二〇日から二七日までの一週間あまり、柳田は熊谷長官とともにマウカへの視察に出かける。「樺太の漁業」［『柳田國男全集』第二三巻：四六二―四六八頁］という当時の新聞談話で柳田は「西海岸のマウカの人達」の議論を紹介している。すなわち、大漁業者は自分の船に労働者も食糧も載せてやってきて、漁が終わるとそのまま内地に帰ってしまって、地域社会に資するところがない。それよりは小漁業者を招いて土着させ、半農半漁の新住民を作るほうがよっぽどいいという議論を盛んにしていると述べているが、現地での陳情をつうじて知った事実ではないかと思う。

クシュンナイ（久春内）、ナヤシ（北名好）に向かったものの磯が荒れて上陸できず、コルサコフにふたたび戻ってきたのは、一七日目の二七日の朝八時である。翌日、行きそこなった「ウゴリナパチの試作場」を訪ね、一〇月一日、この二一日間の樺太の旅を終え柳田は帰路につく。

以上見てきたように、樺太の旅の先々で、柳田國男はアイヌの生活や竪穴住居の跡、出土した考古資料に関心を示していたことがよくわかる。海岸の遺跡を掘らせたり、考古学まがいのことをしていることも興味深い。こうして旅先で譲り受けた考古資料を、柳田は内地に持ち帰ったのである。

【佐藤健二】

柳田考古遺物の採集地はどこか？③
――南樺太の領有と当時の人類学者たちの動向

なぜ、柳田國男は南樺太に渡り、考古資料を収集したのだろうか。当時の樺太（サハリン）における政治的・社会的情勢や、人類学者の動向を概観したい。

一九〇五年（明治三八）八月、日露戦争で優位に立った日本は、北樺太西海岸のアレクサンドロフスク（現アレクサンドロフスク・サハリンスキー）に民政署本署を設置した。翌月に開かれた日露講和会議の結果、北緯五〇度以南の南樺太は日本領となり、民政署本署はアニワ湾内の港町コルサコフに移された。その機能は一九〇七年（明治四〇）に設立された樺太庁に引き継がれ、翌年に豊原（旧ウラジミロフカ、現ユジノサハリンスク）へと移転する。

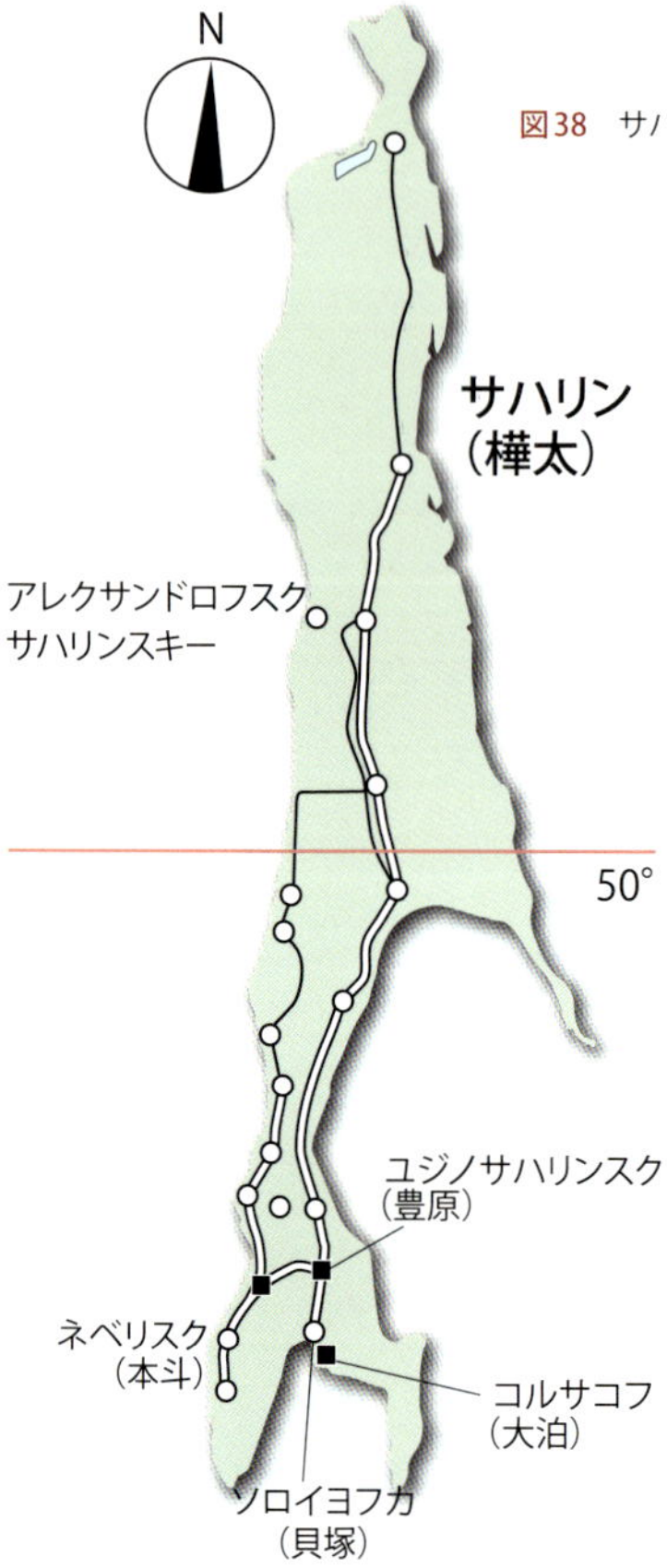

図38　サハリン（樺太）の地名

柳田國男が渡樺した一九〇六年（明治三九）九月は、民政署が、新しく獲得した領土のインフラ

表4　南樺太領有前後の人類学と社会の動向（略年譜）

年月	和暦	人類学・遺跡に関係する出来事	社会における出来事
1904年2月	明治37		日露戦争開戦
1905年7月	明治38		原口兼濟樺太軍司令官が樺太全島に軍政を敷く
8月			アレクサンドロフスクに樺太民政署本署を設置
9月		鳥居龍蔵が『考古界』5－1に「人種学・考古学の上より研究すべき新領土」を発表。樺太における人類学研究の重要性を説く	日露講和会議（ポーツマス条約）にて樺太南部の割譲が決定。コルサコフに樺太民政署本署を移転
1906年5月	明治39	飯島魁による樺太動物相調査。ソロイヨフカの貝塚を訪問	
6月		神保小虎ほかによる樺太地質・鉱物資源調査	樺太境界制定事業がはじまる
7月			樺太守備隊司令官に楠瀬幸彦が着任
8月		石田収蔵が『東京人類学雑誌』245に「飯島教授の樺太みやげ」を発表	
9月		柳田國男が渡樺	
12月		下斗米秀二郎が『東京人類学雑誌』249に「南部樺太踏査」を発表	
1907年4月	明治40		樺太庁の成立
7月		坪井正五郎・石田収蔵・野中完一ほかによる樺太人類学調査。鈴谷貝塚の発掘。金田一京助による樺太アイヌ語調査 神保小虎が『教育界』6-9に「カラフトに在りし博物館」を発表	
1908年	明治41		豊原に樺太庁を移転。樺太日日新聞が創刊
1911年	明治44	鳥居龍蔵による南樺太・幌内川流域探検調査	
1916年	大正5		ロシア革命
1918年	大正7		シベリア出兵、北樺太保障占領(-1925)
1921年	大正10	鳥居龍蔵による北樺太探検調査	
1924年	大正13	清野謙次による鈴谷貝塚の発掘	
1928年	昭和3	樺太郷土会が発足	
1930年	昭和5	新岡武彦が樺太日日新聞に「樺太石器時代土器の研究」を発表	
1931年	昭和6	木村信六が樺太日日新聞に「本斗附近の先住民族遺跡」を発表	

整備、住民統治、地域産業資源の調査を進めている最中であった。とくに、柳田が面会した楠瀬幸彦・樺太守備隊司令官が着任した同年七月から、開発事業は急速に進展した。柳田は、殖産振興や植民政策の一翼を担い、農政官僚としての任務にあたったのだろう。

同じ頃、国や民政署などから嘱託を受けた東京帝国大学理学部の教授たちも、南樺太で現地調査を行っている。坪井正五郎、飯島魁《いさお》、神保《じんぼう》小虎《ことら》は、その代表である。

柳田が樺太を訪れた翌年（一九〇七年）の七月、坪井正五郎は、石田収蔵、野中完一らとと

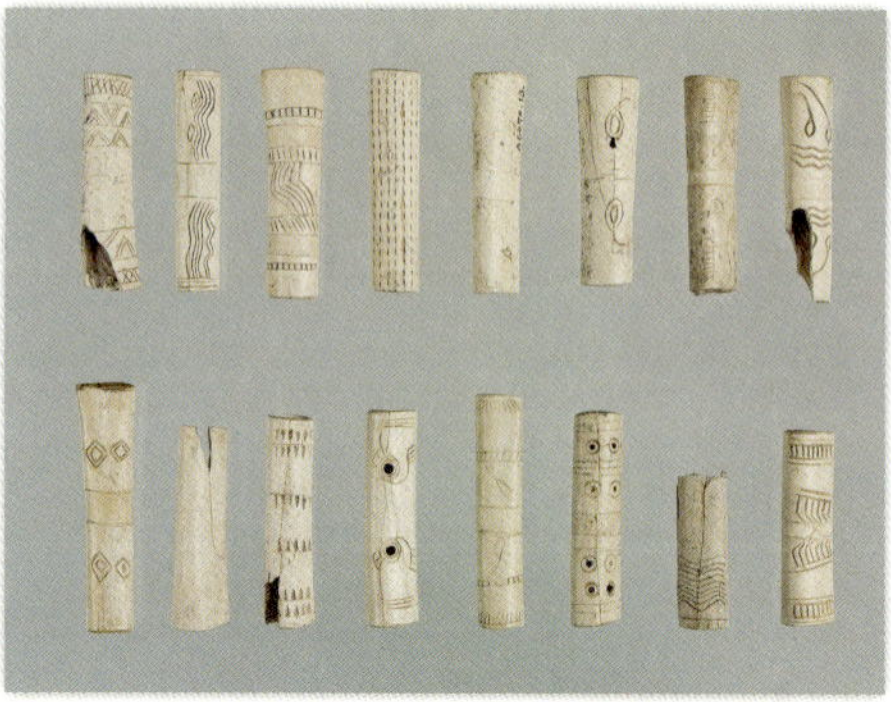

図39　坪井正五郎：日本の人類学の先駆者。

もに、鈴谷川河口付近の貝塚で発掘を行っている。樺太の遺跡に焦点を絞った調査は、これが最初である。坪井らの発掘地は現在の鈴《すず》谷《や》貝塚（別名、北貝塚）の一部とみられるが、その場所は特定されていない。この鈴谷貝塚と、南に隣接するソロイヨフカ貝塚（別名、南貝塚）は、アニワ湾の一番奥に位置するロソセイ湾に面したソロイヨフカ村の貝塚として、露領期にもその存在が知られていた。だが、その情報は、当時の日本に届いていなかった。ソロイヨフカの貝塚のことを坪井たちに伝えたのは、一九〇六年五月に嘱託を受けて動物学調査を行った飯島魁である。飯島が東京に持ち帰った貝塚出土の動物骨、土器、石器などを、坪井の下で学んでいた石田収蔵（著者名はS・I）が、論文「飯島教授の樺太みやげ」のなかで報告した。これにより、「内地」の貝塚と変わらない貝塚が樺太にもあることが周知された。柳田は

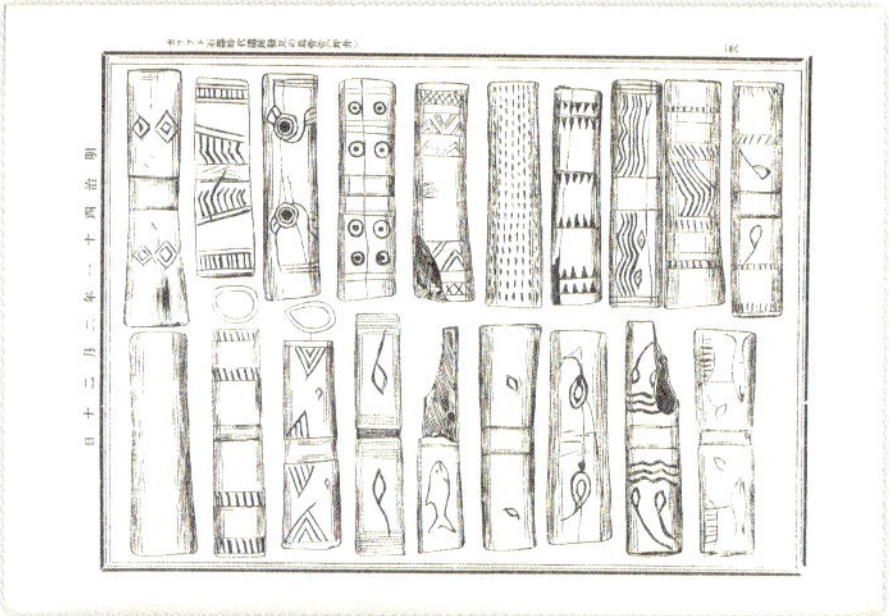

坪井正五郎1908「カラフト石器時代遺跡発見の長骨管」『東京人類学雑誌』第263号より。

図40　坪井の調査で出土した骨製針入れ

図41　飯島魁：日本の動物学の創設・普及に貢献した。

図42　神保小虎：北海道、樺太、ロシア等の地質・地理調査を行つた。

「樺太紀行」のなかで、訪れたソロイヨフカの「コロボックルの遺跡」について「先頃は飯島教授もあまた採収してかへられたり」と記している。このとき、東京人類学会にはまだ入会していなかったが、同会の動向や石田の報告には関心を寄せていたようだ。

飯島は日本における黎明期の動物学の権威として有名だが、お雇い外国人教師E・S・モースに師事しており、大森貝塚や陸平貝塚の発掘にも参加している。飯島は博物学的な知識に富むモースから、石器時代遺跡に関する薫陶も受けていた。渡樺の主な目的は拓殖事業に関連する動物採取であるが、遺跡を現地で調査し、動物資料のみならず土器や石器までも東京に持ち帰ったのは、モースから学んだ遺跡の価値を適切に理解していたからに違いない。

飯島の渡樺と同年には、地質・鉱物学者の神保小虎らが、新国境線付近で地質・鉱物調査を行っている。これは、国境制定事業と関連して実施されたものである。同行した下斗米秀二郎(後の田中館秀三)は、同年一二月に「南部樺太踏査」を発表し、ソロイヨフカの貝塚をはじめとした遺跡の踏査結果を報告している。神保自身は翌年七月、「カラフトに在りし博物館」という文のなかで、石器時代遺物や樺太先住民に関する所見を述べている。

神保は、英・独・仏・露・西語が堪能であり、生涯にわたりユーラシア大陸を駆け巡っていた。また、北海道や樺太の先住民の生活文化に関する造詣も深く、アイヌ語には並々ならぬ関心を抱いていた。渡樺前に、言語学者の金澤庄三郎と共著で、のちにアイヌ語研究の基礎文献となる『アイヌ語会話字典』（一八九八年、金港堂）を出版していたほどである。神保の探検家的気質や軽快な人柄は、当時坪井とともに人類学の研究に取り組んでいた鳥居龍蔵に強い影響を与えた。鳥居は一九一一年（明治四四）に南樺太、一九二一年（大正一〇）に北樺太で探検調査を行っている。神保から得た情報が、そのときに活かされていた可能性は高い。

新領土獲得直後の南樺太においては、モース以来の博物学の流れから嘱託調査が進められた。さまざまな分野の専門家が新領土を踏査し、情報を交換するなかで、遺跡の存在が知られるようになり、研究対象として注目されはじめた。樺太における近代学問としての人類学の萌芽である。だが、それが樺太考古学史の大きな潮流となることはなかった。樺太郷土会が発足し、警察官の木村信六や樺太庁土木課技師の新岡武彦など、樺太在住の研究者たちが活躍し、遺跡資料が充実するまでには、それから約二〇年の年月を要した。

【福田正宏】

COLUMN

飯島魁の「樺太みやげ」

東京大学総合研究博物館に、樺太の考古資料が保管されている。神保小虎、坪井正五郎、鳥居龍蔵ら、明治・大正期の東京帝国大学の学者たちが現地で採集した、学術標本の数々である。そのなかに「飯島教授採ソロヰヨフカ貝塚三十九年」と書かれたラベルの入ったケースがある。このケースのなかの資料は、一九〇六年（明治三九）五月に飯島魁がソロイヨフカで採集し、同年八月に石田収蔵（元・東京農業大学教授）が「飯島教授の樺太みやげ」（『東京人類学雑誌』第二四五号）で紹介したものである。資料中の土器・石器・骨角器の図は、同年一〇月刊行の『東京人類学雑誌』第二四七号の口絵に掲載されている。その解説文「口絵につきて」は、石田が執筆した。

石田は、東京帝国大学理学部動物学科を卒業後、一九〇五年に同大学大学院に進学し、人類学教室に所属

図43　右：人類学教室前集合写真（1906年〔明治39〕頃）
後列右から坪井正五郎、鳥居龍蔵、大野延太郎
前列左から２番目が石田収蔵
左：石田収蔵（明治40年代後半頃）

した。氏が樺太先住民の歴史や風俗に関心を抱いたのは、人類学教室で師事した坪井正五郎の影響であろう。その石田がもともとの専門分野・動物学の権威である飯島を通じ、当時知られていなかった樺太の貝塚遺跡に関する現地の情報を得た。そしてさらに追究するよう、資料を託された。「飯島教授の樺太みやげ」と「口絵につきて」では、飯島への敬意と感謝の言葉が綴られている。

図が公開された翌年、坪井・石田らは、現地調査のために樺太を訪れている。資料の分析は、その下調べとして行われた。解説文では、「形式、由来或いは異動などに関しては、今は全く不可解の一語」のため、「生の説明」——客観的な事実をまずは説明する、と慎重な姿勢を崩していない。『東京人類学雑誌』の口絵用には、もっとも特徴的な遺物が選ばれた。「樺太発見石器時代遺物（飯島理学博士採集）」のページでは、石斧類のみが一一点実測されている。それらは、「樺太貝塚」の性格をもっともよく示すものと考えられたようだ。実測図そのものは、当時人類学教室助手であった大野延太郎（雲外）が作成した。大野は、人類学教室に図工として雇用された経歴をもつ人物である。考古遺物を写生し、精緻な観察・分類をする技術と経験に長けていた。

飯島資料は、サハリンから北海道東北部にひろがったオホーツク文化のものである。だが当時、そうした文化の存在は知られていなかった。邦領となって日の浅い地域に住む民族の特性や来歴を知る手がかりとして、それらは注目されたのだろう。

石田は「斯道に就いて博大なる智識を有せらるゝ、先輩大野氏等の指導の許に、追日概括的説明（中略）を試みる」と述べている。だがその後、本資料に触れた形跡はない。石田が遺した研究資料を分析した小西雅徳によると、坪井に同行した一回目を含め、石田は一九三九年までに計五回、渡樺している。その関心は終始、サハリンに居住する樺太アイヌ、ウィルタ、ニブフの風俗・生活・言語にむけられた。樺太の考古遺物は、氏の研究対象から徐々に離れていったようだ。

ソロイヨフカに隣接する鈴谷貝塚では、日本人研究者による発掘が繰り返し行われるようになった。人骨や珍しい遺物が次々と出土し、新知見が多く得られてきたことから、飯島資料の研究標本としての役割はすでに果たされたと、石田は判断したのかもしれない。

現存する飯島資料の概要を紹介しておこう。土器、石器、骨角器の一部を、図44〜48に掲載した。石器と骨角器の一部は、前述した『東京人類学雑誌』の口絵に掲載されている。土器と石斧類以外の石器は、実測図がない。骨角器の一部は、ほかの遺跡から出土したとみられる遺物群とともに、「樺太発見石器時代骨器類」のなかにある。遺物の保存状態はおおむね良好であるが、大小の傷（ガジリ）が、そこかしこに残る。開墾や耕作の際についたものか。

図44・45は、オホーツク文化の江の浦式土器と南貝塚式土器である。器形・文様・粘土・焼きはいずれも、サハリン南部のオホーツク土器の特徴と一致する。江の浦式は、口縁部が帯状に肥厚する。また南貝塚式は、種々の形をした

図44　飯島資料 土器片：白いネーミングはあとでつけられたもの。

スタンプ文が施される。ソロイヨフカ遺跡は、邦領期に南貝塚遺跡とよばれた。南貝塚式の標式遺跡である。南貝塚式の典型的な文様は、本資料にも認められる。口縁部の一部のみが不自然に欠けた、南貝塚式の深鉢が数点ある。湿った状態で貝塚中に埋まる完形品を無理に引き抜いたため、壊れたのだろう。

打製石器（図46）は、サハリン南部の地元石材（頁岩、凝灰岩など）で作られた石鏃、掻器などがある。極薄の石鏃は、銛先鏃とよばれるものである。オホーツク文化では、海獣狩猟用に銛が使われた。銛先鏃は、銛頭の刺突部にはめ込んで、殺傷力を上げるための部品である。使用後の破損品や、製作途中の未製品が多い。磨製石器（図47）は、凝灰岩製の石斧類が多い。すべてが破損・摩耗しており、樹木の伐採具

図45　神保小虎採集土器

図46　飯島資料 打製石器

や手斧として使用されたとみられる。ほかに、鯨骨製や鰭脚《ききゃく》類の骨製の土掘り具、各種部材など（図48）があり、使用による破損がめだつ。

石器・骨角器の特徴は、アニワ湾奥の集落に住むオホーツク人たちが、水陸両域の資源を積極的に利用・開発していたことを物語っている。

【福田正宏】

図47　飯島資料 磨製石器：白いネーミングはあとでつけられたもの。

図48　飯島資料 骨角器：黒いネーミングはあとでつけられたもの。

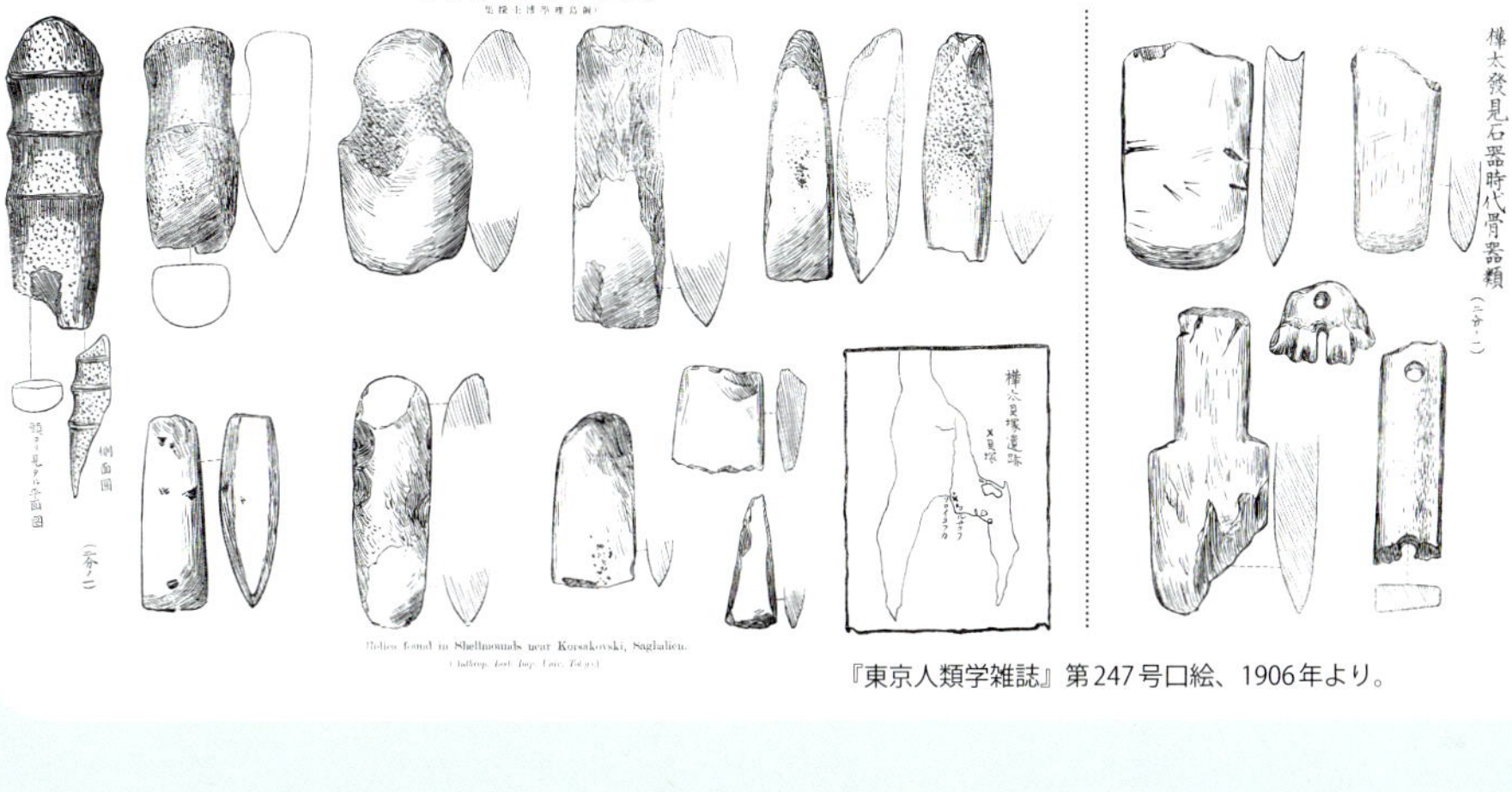

『東京人類学雑誌』第247号口絵、1906年より。

柳田考古遺物の採集地はどこか？④
――「樺太紀行」以後のサハリン島における考古学の展開

サハリン島の考古学研究史において、柳田國男の「樺太紀行」が取り上げられたことはこれまでほぼ皆無であったが、この紀行は、日露戦争後に南樺太が領有された直後に行われた調査として、飯島魁の調査（一九〇六年〔明治三九〕）や坪井正五郎らの調査（一九〇七年〔明治四〇〕）などと並んで、学史上の先駆けのひとつとして記されるべきであろう。

その後の著名な調査としては鳥居龍蔵や清野謙次によるものがあるが、樺太の考古学研究が本格化したのは南樺太への植民と産業振興が進んだ一九三〇年代以降であり、その頃から樺太在住の研究者による活動が活発化してくる。なかでもとくに、警察官として勤務する傍ら遺跡の発見と遺物収集に情熱を注いだ木村信六と、樺太庁土木課に勤務し、南樺太のほぼ全域にわたって踏査を行った新岡武彦（図49）の業績は、遺跡の詳細な分布を記録した基礎資料として今日においてもきわめて高く評価されている。このような在地の活動に加えて、この時期には北海道や本州からも多くの人類学・考古学の研究者が南樺太を訪れ、研究が進展した。と

図49　新岡武彦：1932年に樺太庁土木課に入庁し、1942年までに南西部の一部を除く南樺太のほぼ全域を踏査した。

図51 南樺太多蘭泊出土の鈴谷式土器（1924年採集資料）：記録によれば、樺太庁鉄道事務所に勤務していた庄司元彦氏が、1924年8月に南樺太南部の西海岸に位置する多蘭泊の鉄道沿線で採集したものとされる。2001年に東京大学常呂実習施設に寄贈された。高さ14.0cm。

図50 伊東信雄：旧制第二高等学校の講師を務めていた当時、1933年と1934年のそれぞれ夏に南樺太の調査に赴いている。

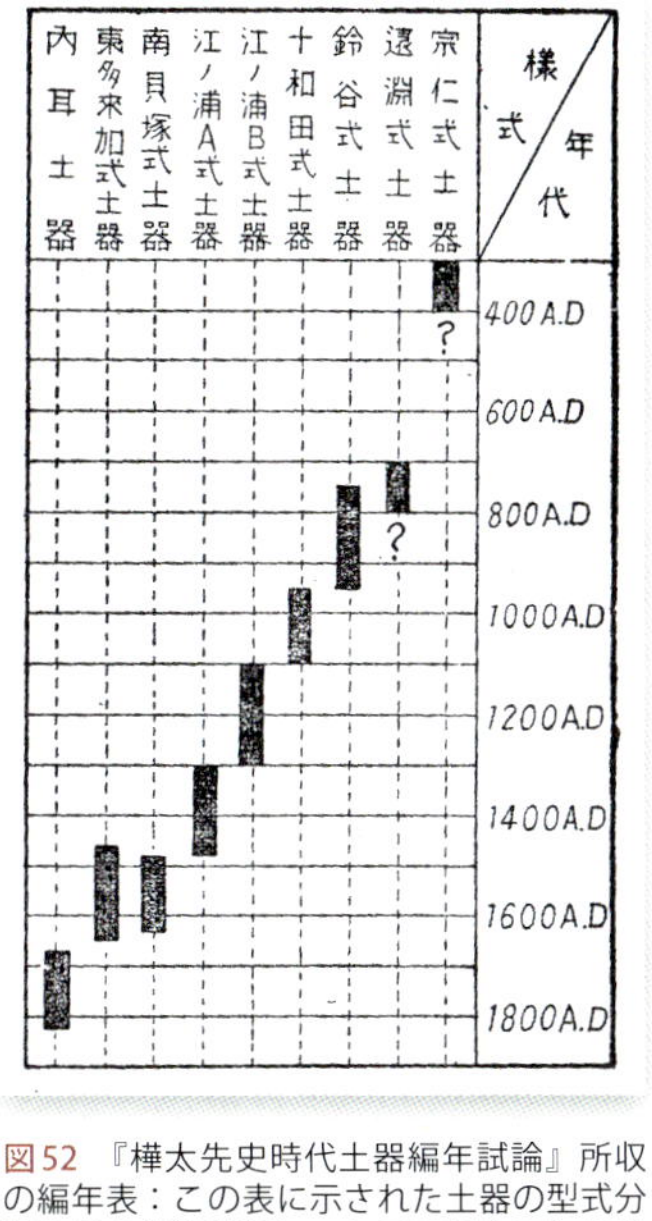

図52 『樺太先史時代土器編年試論』所収の編年表：この表に示された土器の型式分類とその前後関係については現在でも有効であるが、年代については、後に伊東自身が「新しく見すぎたきらいがあった」として大きく訂正している（伊東1982）。最近の成果に基づく年代観については図55の編年表に示した。

くに東北大学の伊東信雄（図50）が発表した「樺太先史時代土器編年試論」（『喜田貞吉博士追悼記念論集』所収、一九四二年）は、今日のサハリンの先史土器編年の基礎となるもので、ここで伊東が設定した「鈴谷式」「南貝塚式」などの土器型式（図51・図52）は、現在でも有効な分類としてその名称が日本とロシア双方の研究者に用いられている。

一九三〇年代は、南樺太のみならず北海道や千島列島においても調査が進展した時期であり、大枠ながら北海道の先史文化編年の枠組みも確立されつつあった。「オホーツ

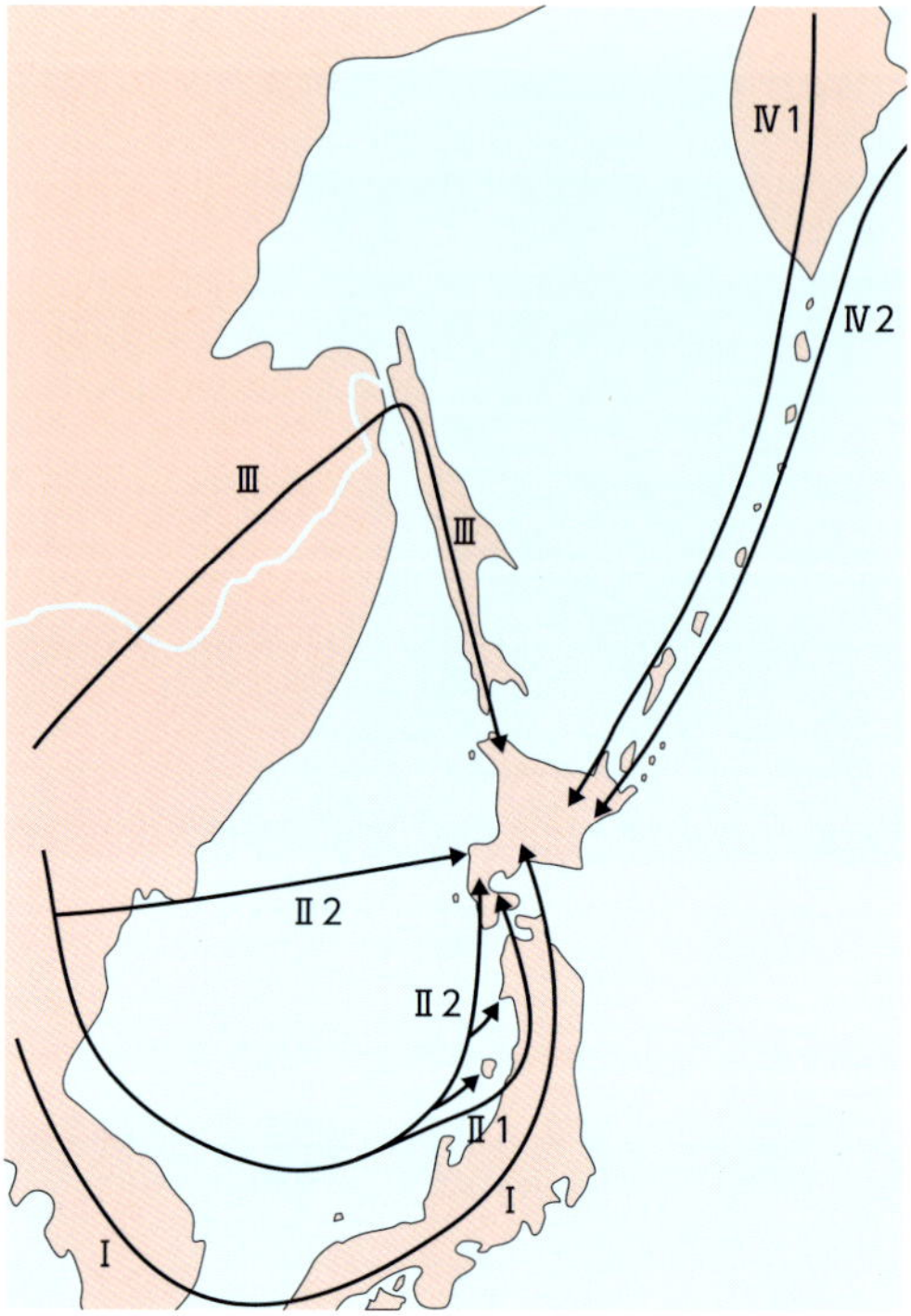

図53　後藤壽一による「北海道文化渡来の経路」：北方地域との交流ルートとしては、Ⅲのアムール川経由、Ⅳ1のカムチャツカ半島経由、Ⅳ2のアリューシャン列島経由、の3つのルートが示されている。出典：後藤壽一1934「北海道の先史時代についての私見」『考古学雑誌』24-11

ク式土器」を伴う文化が樺太・北海道東北部・千島列島にまたがって広がっていた、という理解もこの頃に広まっている。それにつれて日本列島とその北方地域との交流についての関心も高まってくるが（図53）、太平洋戦争の敗戦によって研究は大きな転機を迎えた。

戦後の北海道考古学は、一九四七年（昭和二二）から始まった網走市モヨロ貝塚の発掘によって再出発を果たす。発掘の直後から活発化したオホーツク人の系譜をめぐる議論では、アリュート説や大陸系統説などが主張されたことから、北海道と北方地域との関係が広く社会の注目を集めた。ほかにも一九五〇年代から一九六〇年代にかけての時期には、北海道内で旧石器文化の調査が本格化したことや、ソビエト連邦の研究者によるシベリア調査の進展などもあって、さまざまな時期の遺物や遺構について北海道と北方地域との間の類似を認める見解が多く示された。しかし出土資料が増加し、資料の比較方法も厳密なものとなるにつれて、北海道と北方地域との交流にはそれが明確な時期（後期旧石器時代の細石刃石器群、縄文早期の石刃鏃石器群、オホーツク文化期など）と僅少な時期（上記以外の縄文文化期など）があることがはっきりしてくるとともに、大陸との交流ルート上に位置するサハリンの様相を解明することの重要性があらためて意識されることとなった。

戦後のサハリンでは、ソビエト連邦科学アカデミーシベリア支部、ユジノサハリンスク教育大学、サハリン州郷土誌博物館などによって発掘調査が行われ、成果が蓄積されてきたが、ソ連邦の時代には国境を越えた研究交流が困難であったことから、日ソの研究者間で情報の共有や議論が不十分な状況が続いていた。しかし一九八〇年代後半以降、情報公開からソ連邦の崩壊へとつながる大きな変化の中で、日露間の研究交流は活発化し、最近ではサハリンでの国際共同発掘調査なども実施されている（図54）。

現在、サハリンでは、二〇〇三年から本格化した石油・天然ガス採掘計画に伴う大規模な発掘調査などによって資料が著しく増加しており、先史文化編年の枠組みが再構築されつつある。それらの成果に基づいて日本列島とその北方地域の先史文化の関係性を俯瞰するならば、完新世以降は全体として宗谷海峡間での文化の隔たりが大きく、北海道と東北地

図54　サハリン国立総合大学と東京大学による国際共同調査：2013年9月、サハリン南部東海岸のスラブナヤ5遺跡にて国際共同調査が行われ、新石器時代前期の石刃鏃石器群に関する遺構と遺物が発掘された。

方、サハリンと大陸で各々の結びつきが強いという評価が可能である。ただし現在でも、サハリンを経由した北海道と大陸間の交流の存在が軽視されているわけではない。今後も国際的な研究交流を推進し、交流の実態とその背景を解明してゆく必要があろう。

サハリンでは以上のような歩みで考古学の研究が蓄積され、資料の編年などの整備が進んできた（図55）。ここで再度、「柳田國男旧蔵考古資料」のうちのサハリン出土とみられる資料について、これら最近の成果に基づきながら評価を試みてみたい。

まずは確実にオホーツク文化のものといえる資料がある。三四頁図19中段の左二点の土器は、オホーツク文化前期（五～六世紀）の十和田式土器である。左端の土器は典型的な十和田式といえる土器で、土器の外面から押捺した円形の文様と、粘土の隆帯による文様が認められる。中央の土器は土器の内面から押捺した瘤状の文様が付けられているが、これは前述の典型例よりも古いタイプの十和田式土器に特徴的に認められる文様である。三四頁図19中段の右の土器には水平の刻文が縦に並んで施文されているが、これは左二点と同じ十和田式土器か、もしくはそれより古いオホーツク文化成立直前期（三～四世紀）の鈴谷式土器の破片であろう。十和田式土器と鈴谷式土器はいずれもサハリン南部の遺跡を標式とする土器型式で、宗谷海峡を挟んだサハリン南部～北海道北端部を中心に分布する。柳田旧蔵資料のこれら三点の土器は、柳田が訪れたサハリンのソロイヨフカ近辺にある南貝塚（別名、ソロイヨフカ遺跡）もしくは鈴谷貝塚（鈴谷式土器の標式遺跡）で収集された可能性が高いことは、「柳田國男はどんな考古資料を収集したのか」（二四～三六頁）の記述のとおりである。南貝塚と鈴谷貝塚は、その上限年代につい

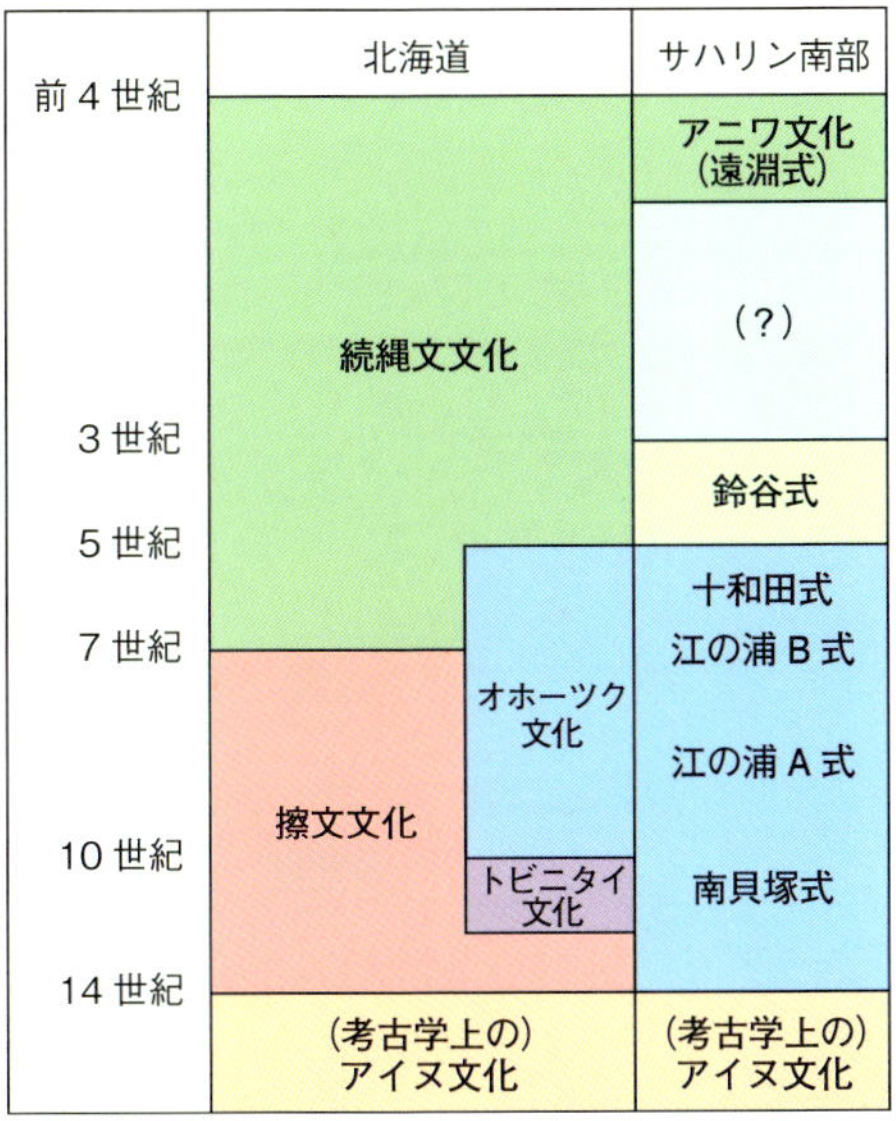

図55　最近の成果に基づく編年表：「アニワ文化」は北海道北部の続縄文文化とほぼ同一の文化である。アニワ文化から鈴谷式期までの間のサハリン南部については、現在でも実態が明らかになっていない。

ては明確ではないが、鈴谷式期とオホーツク文化期を中心に続縄文文化期初頭以降からアイヌ文化期まで連綿と遺物が出土する遺跡であり、その意味では三四頁図19中段の土器はこれらの遺跡からの出土資料であると考えてもまったく矛盾はない。

樺太紀行の際に柳田が譲り受けた可能性が高い磨製石斧の中にも、オホーツク文化もしくはその成立直前期に特徴的な資料が含まれている。二五頁図11－5の、いわゆる柱状石斧と呼ばれる断面が四角形で厚い石斧がそれである。このタイプの石斧は、北海道北部やサハリン南部の鈴谷式期やオホーツク文化期の遺跡でやや多く出土するほか、鈴谷式土器を伴う北海道中央部の遺跡でも出土例がある。柱状の磨製石斧はオホーツク文化以外にもさまざまな時期・地域にこれに近い形状のものがあるため確言はできないが、二五頁図11－5の例は、これを含む二五頁図11の石斧がサハリン出土である蓋然性が高いことを示すものといえよう。

【熊木俊朗】

COLUMN

柳田為正が収集した考古資料と柳田國男旧蔵考古資料の違い

柳田國男旧蔵考古資料は、柳田為正が採集した土器や石器と一緒に段ボール箱に入れられていたことは前述のとおりである。このことから、柳田國男旧蔵考古資料は「國男とは関係がなく、為正が収集した資料なのではないのか?」と疑問視する意見もあった。両者の資料の違いを見てみよう。

柳田國男の長男、柳田為正は少年時代、考古資料の採集を趣味とする「考古ボーイ」だった。為正は日記に採集活動の記録を残しており、採集活動は成城に引っ越した一九二七年(昭和二)頃から始められたようである。当時為正は一二歳だった。日記に残る最も新しい記録は一九三一年(昭和六)で、「折本貝塚に発掘に行く」と記されている。

簑原泰彦氏が為正から直接聞いたところ、当時の少年たちの間で考古資料の収集が流行っていたようで、これに熱中している者たちもおり、為正はその一人だった。この頃集めた石器や土器が、柳田國男の考古資料と一緒に五つの段ボール箱に詰められて床下に眠っていたのである。

為正の資料には円形や長楕円形のラベルが貼り付けられたものが多い。ラベルには「南多摩郡多摩村向ヶ丘」「武蔵砧村喜多見桑畑」「千歳村下祖師谷」「千歳村向台中江方テニスコート」などの注記があり、採集活動は成城の自宅周辺の遺跡で行われたことがわかる。為正の採集品は、成城周辺で採集できる縄文時代中期の土器や打製石斧などがほとんどであり、サハリンや北海道方面、信州などの資料が多い柳田國男の収集品とは異なっている。また、柳田國男の収集活動が明治後期に集中しているため、為正の収集時期とも異なっているのである。

なお、合計五三九点におよぶ柳田為正旧蔵考古資料は、二〇一五年に簑原氏から寄贈を受け、柳田國男旧蔵考古資料とともに歴博に収蔵されている。五つの箱のうち、箱Aには、成城周辺では採集できない貝化石や自然石などが含まれており、柳田國男の収集品がいまだに混在している可能性がある。今後、混在する柳田國男の収集品の調査などを行う予定である。

【工藤雄一郎】

1

2

3

4

5

図56
1 箱Bにはラベル付きの土器や石器が多く入っていた。
2 中の原書店での柳田為正旧蔵考古資料の調査の様子。
3 「昭和三年十一月十四日南多摩郡多摩村向□丘」「昭和二年砧村北見臺桑畑中にて（発見）」などの文字が読める。
4 箱Aに入っていた貝化石や自然石。柳田國男の収集品の可能性がある。
5 柳田國男旧蔵考古資料のラベルと類似したラベルの断片。柳田國男の収集品かもしれない資料の一つ。

COLUMN

標本箱が語る柳田國男と矢田部良吉家との交流

「柳田國男旧蔵考古資料」の中には、生物の標本箱がある。為正より簑原氏に寄贈されたものであるが、寄贈時には何も入っていなかった。蝶の分類ラベルが貼られたこの標本箱には側面に「T. YATABE」という記載があるが、その名前は矢田部良吉の四男、矢田部達郎である。

矢田部良吉は日本植物学の礎を築いた植物学者であるが、大森貝塚を発掘したエドワード・S・モースの報告書を翻訳し、『大森介墟古物編』を出したことでも知られる。明治新体詩の幕開けを告げる詩集『新体詩抄』の執筆編集に携わった詩人でもある。

青春期の柳田は、新体詩の詩人であった。文学界での良吉との交流は不明だが、良吉の妻・順が柳田の義姉で、家が隣同士でもあり、両家は親密だった。良吉は、一八九九年（明治三二）、鎌倉で遊泳中に溺死するが、順は子どもたちに、柳田を父と思ってなんでも相談するよう教え、柳田は旅行の都度、順と子どもたちに体験談を語った。長男の雄吉および五男の勁吉と柳田の間に残された次のエピ

図57　矢田部良吉：植物学者。モースによる大森貝塚の発掘調査報告書の翻訳者としても知られる。

ソードは、柳田が矢田部の息子たちに我が子のような愛情を注いでいたことを物語っている。

雄吉は、柳田に大変いい子だと見込まれ、柳田家の先祖の墓所を探す栃木の旅にも同行したが、柔道の稽古中病に倒れ、二〇歳で急死した。柳田は、通夜でその衝撃を歌に詠み、早世を悲しむ墓碑銘を起草した。

バス歌手の勁吉は、少年期、柳田邸に日参した。柳田は彼の遊びや教育にも心を砕き、勁吉が手製の活版に熱中すると自らの年賀状の作成を任せ、句集編纂を企画すると、自ら句を寄せ出版を支援した。また、ともに山梨県の上野原を旅したこともある。

心理学者となる四男の達郎と、柳田との交流を示す著述はみられないので、標本箱の由来はよくわからない。ただ、勁吉が少年期に蝶の採集にも没頭しており、達郎も蝶に造詣があったとの後年の証言がある。その後、為正に譲ったものかもしれない。いずれにしても、この標本箱は、柳田家と矢田部家の交流関係の物証として資料的な価値がある。

【林　正之】

図58　標本箱と側面のラベル：側面にT. YATABEの文字が記され、蝶類を収納した際の分類を記載したラベルが貼られていた。

3

なぜ柳田國男は考古資料を収集したのか

収集の学問的・社会的背景

1902年（明治35）2月

柳田國男の初期の研究に山人論がある。山人論の構想と、当時の人類学・考古学で盛んだった日本人種論とは無関係ではない。この章では、柳田國男が山人論を形成していく背景を、その前後の人類学の状況と比較しながら解き明かす。お雇い外国人によるプレ・アイヌ説、アイヌ説、坪井正五郎を中心としたアイヌ・コロボックル論争を経て、鳥居龍蔵の固有日本人論までの学説と、その後の大きなパラダイム転換としての長谷部言人・清野謙次の日本人起源論の登場までの流れをみていきたい。

お雇い外国人の活躍と一八八〇年代の「日本人種論」

図59　E. S. モース：貝類の標本を採取するために来日し、請われて東京帝国大学動物学の教授に就任、欧米における多くの研究成果を日本に移植した。近代学問としての考古学を日本に持ち込んだだけではなく、当時最先端の科学思想であった進化論も紹介した。

柳田國男が考古資料を収集した明治時代の後半期は、日本と清国・朝鮮を巡る東アジアの激動期でもあった。この時期には、ナショナリズムの高揚とともに「日本国民」としてのアイデンティティの確立が求められ、「日本人とはなにか」という「日本人種論」も盛んに議論された。柳田も自身の「山人論」とのつながりの中で強い関心をもっていた「日本人種論」は、明治時代前半の一八八〇年代、「お雇い外国人*」らによる研究が出発点となった。なかでも考古学に直接的にかかわったという点で有名なのは、大森貝塚を発掘調査したE・S・モースと、H・V・シーボルトであろう。モースは、日本初の学術発掘調査報告書である“Shell Mounds of Omori”を刊行するとともに、一般向けの講演会をたびたび開催した。講演会でモースは、「貝塚に捨てられていた貝は、大昔の人びとの食料であり、その身を食べて殻を捨てたものである。また、貝塚からは鳥や獣の骨が出てくるが、これらもみな大昔の人びとの食料であった。貝塚から石器が出土する場合には必ず骨も一緒に出土するが、銅器や鉄器は出土しない。大森貝塚から出土した土器を

＊**お雇い外国人**：主に、幕末から明治にかけて欧米の技術・学問・制度・文化を日本に輸入し、移植するために官庁や大学などに招聘・雇用された外国人のこと。

図60　大森貝塚発掘：モースの著書『日本その日その日』に描かれた大森貝塚発掘の様子。相当な規模で実施されたことがうかがわれる。

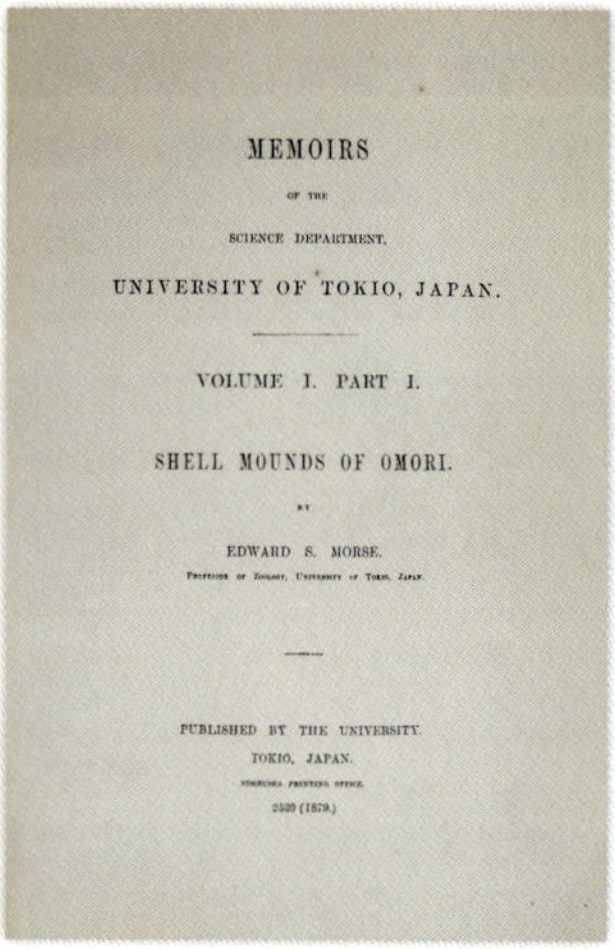

MEMOIRS

OF THE

SCIENCE DEPARTMENT,

UNIVERSITY OF TOKIO, JAPAN.

VOLUME I. PART I.

SHELL MOUNDS OF OMORI.

BY

EDWARD S. MORSE.

PROFESSOR OF ZOOLOGY, UNIVERSITY OF TOKIO, JAPAN.

PUBLISHED BY THE UNIVERSITY.

TOKIO, JAPAN.

SHIUEISHA PRINTING OFFICE.

2539 (1879.)

理科會粹

第一帙

上冊

理學部教授エドワルド・エス・モールス撰著

大森介墟古物編

東京大學法理文學部印行

明治十二年十二月

図61　*Shell Mounds of Omori* と『大森介墟古物編』：モースによる大森貝塚の発掘調査報告書。東京帝国大学理学部紀要の第1号として、英文で刊行された。同年には矢田部良吉による訳で『大森介墟古物編』も出版されている。

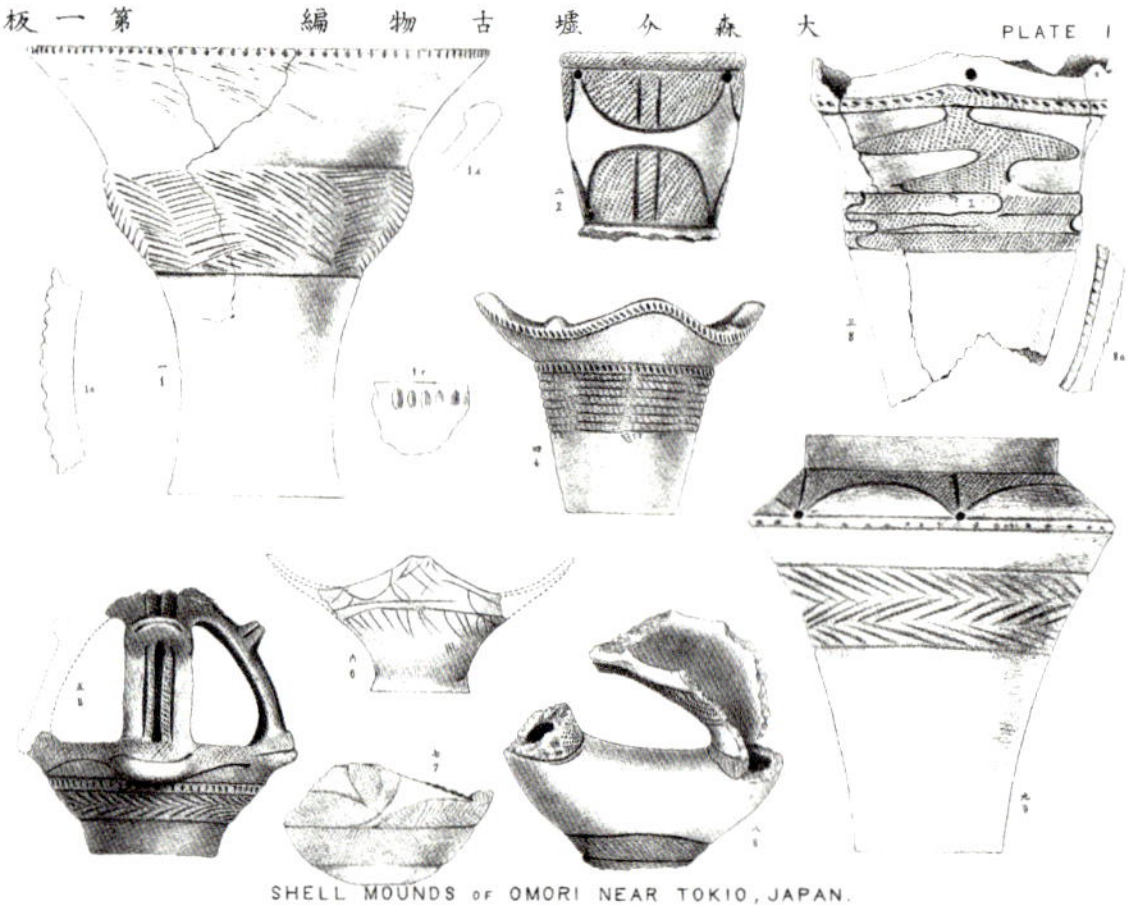

図62　大森貝塚から出土した土器：*Shell Mounds of Omori* に掲載された縄文土器。モースは縄文が施文されていないものもまとめて「cord-marked pottery」と呼んでおり、縄文の有無ではなくセット関係に注目をして「縄文土器」を捉えていたことがわかる。出土した土器は現在の堀之内式・加曽利B式・安行式を中心としたものであり、大森貝塚が縄文後期を中心とした貝塚であることがわかる。

図63　H. V. シーボルト：H. V. シーボルトは、鳴滝塾を開いたF.V. シーボルトの次男であり、当時はオーストリア＝ハンガリー帝国公使館に勤務していた。父の影響で日本に興味を持ち、短期間ではあるが日本において考古学的研究を行った。日本で初めて「考古学」の語を用いただけでなく、ヨーロッパにおける考古学の成果を日本に紹介した。その意味で「日本考古学の恩人」の一人である。

アイヌのものだと言う人がいるが、それは確かではない。アイヌは勾玉を珍重するが、大森貝塚からは出土していない。土器の文様の中にはアイヌの文様に類似するものもあるが、同様のものはアメリカにもあるので、その類似だけからでは土器がアイヌのものとは言えない」と述べた。またモースは、『古事記』や『日本書紀』における神武天皇東征の記事は、日本人の祖先がアイヌを東方へ追いやったという事実を神話として伝えているものであると考え、アイヌが日本における先住民であったと主張する一方で、アイヌは勾玉を珍重するが、大森貝塚からは出土しなかったこと、アイヌは土器を使用しないこと、アイヌに食人風習は存在しないことなどを挙げ、大森貝塚を残した人びとはアイヌではなく、それ以前に当地に居住していた人びとであったとし、いわゆる「石器時代人＝プレ・アイヌ（先アイヌ）」説を提唱したのである。

モースが提唱した「石器時代人＝プレ・アイヌ」説に対したのが、シーボルトであった。シーボルトは、その著書『考古説略』において、ヨーロッパにおける考古学的成果を日本語で紹介するとともに、一八七九年（明治一二）に“Notes on Japanese Archaeology with Especial Reference to the Stone Age”を発表し、アイヌの工芸品のデザインが、石器時代の土器の文様と類似していることを取り上げ、これらがアイヌが使用したものであることを主張した。さらに打製石器はアイヌが使用したものであり、磨製石器は日本人の直接的な祖先が使用したものだとし、石器の種類によって使用者が異なるという見解を示し、アイヌが先住

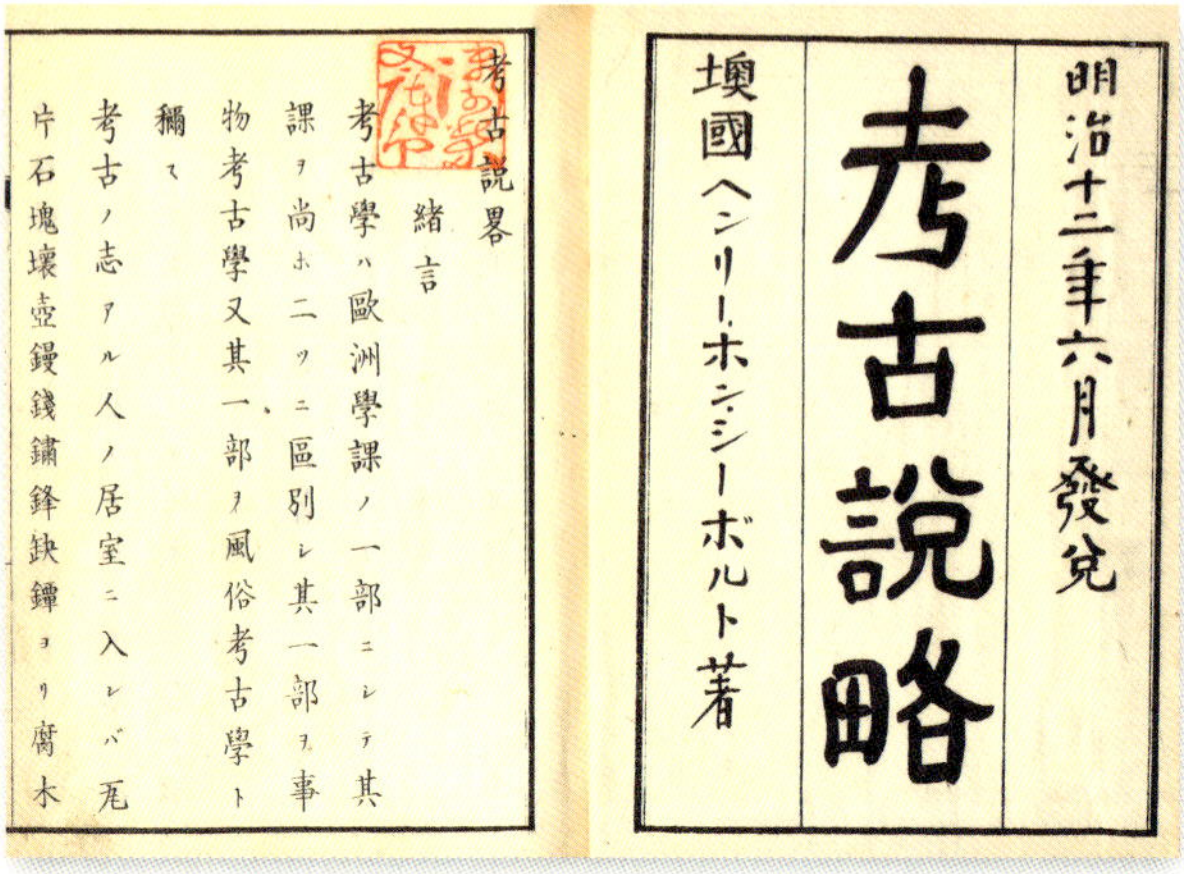

図64 『考古説略』：欧米における考古学の研究成果を日本語で紹介したもの。石器時代・青銅器時代・鉄器時代という三時期区分法などについて記述がなされている。

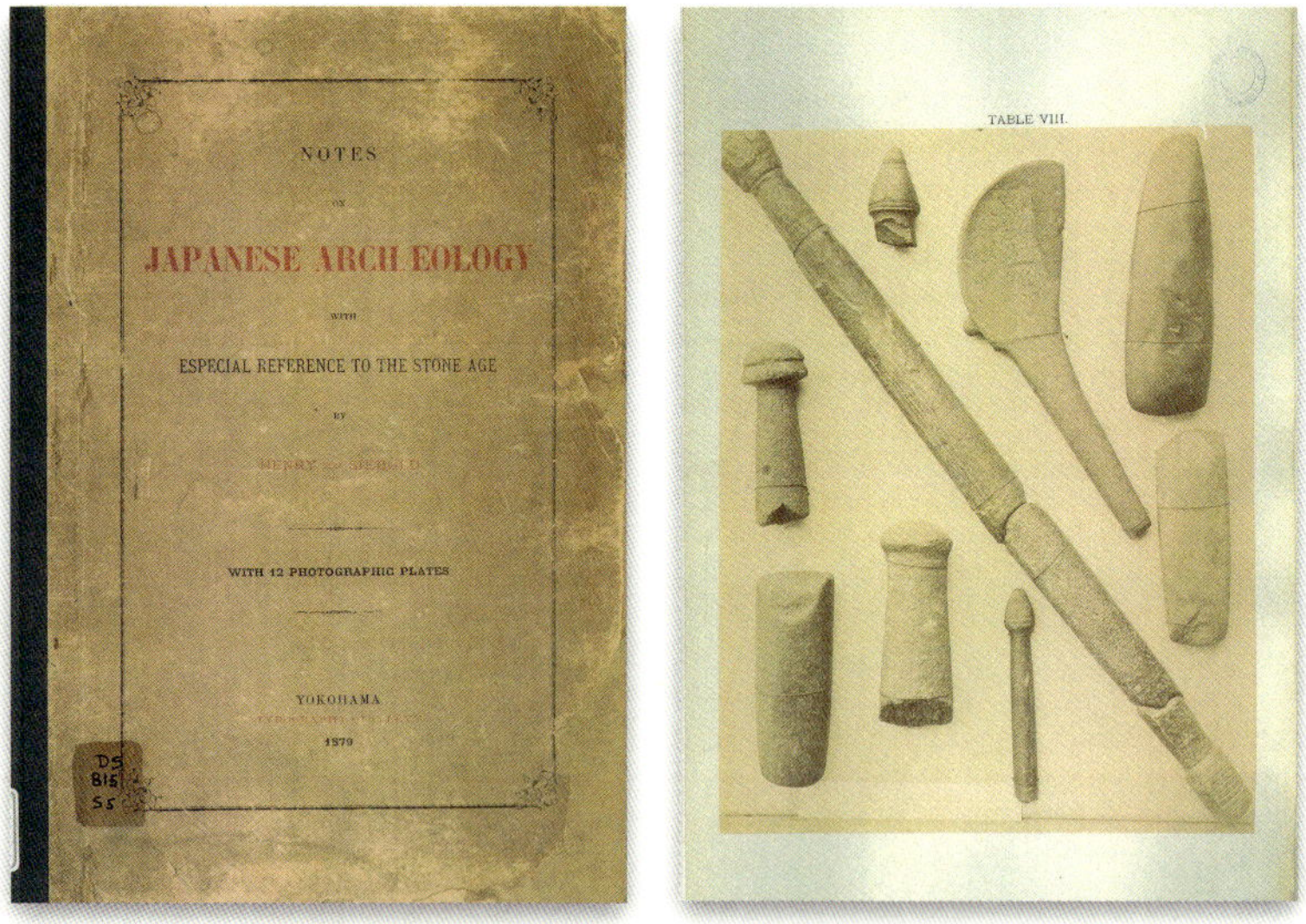

図65 *Notes on Japanese Archaeology with Especial Reference to the Stone age*：日本における考古学的資料を英文にて紹介したもの。縄文時代から古墳時代までの多岐にわたる資料が図示、解説されている。

図66左上　W. デーニッツ：日本人は多民族の混交からなる多重構造をもつとし、アイヌがその祖先の一つと考えた。
図67左中　E. ベルツ：1876年東京医学校（東京帝国大学医学部）に招聘され、解剖学を講義した。また、日本人を薩摩型と長州型に分けて、その人種的な多重構造を指摘した。
図68左下　J. ミルン：東京帝国大学工学部の前身である工学系の教師として招かれ、日本における地震学の基礎をつくった。考古学・人類学にも興味を示し、石器時代人＝アイヌ説を支持した。海岸線の後退度合いから大森貝塚を今から約2600年前のものと推定した。

民であり、その後日本人の祖先が磨製石器・須恵器・古墳築造文化をもって日本へ入ってきたと述べて、「石器時代人＝アイヌ」説を主張した。

また、東京医学校で解剖学を講義したW・デーニッツは、日本人はマレー族とモンゴリア族の二種類が混交して形成されたものだとの見解を示すとともに、モンゴリア族には二種類あり、そのうちのひとつがアイヌであるとし、日本人の直接的な祖先のひとつとしてアイヌを挙げた。この見解は、当時の「石器時代人＝先住民（＝アイヌ）」とするパラダイムからみた場合、非常に革新的な考え方であったと言えよう。

「お雇い外国人」たちが活躍した一八八〇年代を中心とする「日本人種論」は、当初日本にはアイヌなどの先住民がおり、これを日本人の祖先が駆逐したということ、そして日本人は多様な人種が混交して形成されたということ、この二つの要素から構成されていたということができよう。【山田康弘】

日本人研究者による人種論の始まり――アイヌ・コロボックル論争

図69　坪井正五郎：東京帝国大学理学部教授として、日本初の人類学教室を開設した。また、東京人類学会（現在の日本人類学会）を設立し、人類学雑誌を刊行して、日本における人類学の普及と発展に尽力した。石器時代人＝コロボックル説を唱えて論陣を張ったが、ロシアにて客死してしまう。

一八八〇年代の終わりにもなると、今度は日本人研究者から石器時代人、ひいては日本人とは何者かという、「日本人種論」に関する発言が相次ぐようになる。その最初期には、渡瀬荘《しょう》三郎《ざぶろう》の「札幌郊外にある竪穴は、アイヌ（当時はアイノとも）の伝説にあるコロボックルが残したものではないか」との発表を嚆矢として、「石器時代人はアイヌか否（コロボックル）か」という議論が巻き起こった。これを「アイヌ・コロボックル論争」と呼ぶ。石器時代人をアイヌと考えた人びとには、白井光太郎《みつたろう》や小金井良精《よしきよ》、鳥居龍蔵らがいた。また、「石器時代人（＝コロボックル）≠アイヌ」説を唱えた人びとには、坪井正五郎や渡瀬荘三郎らがいた。

白井は、「コロボックル果たして北海道に住みしや」と題する論文で、コロボックル説を認めるためには、コロボックルは日本内地に蔓延しており、とくに中部・関東・東北地方はその巣窟であったこと、コロボックルが日本人と交流していたこと、蝦夷がコロボックルであること、アイヌの祖先は土器・石器を製作・使用しないこと、アイヌの祖先は竪穴に住まなかったこと、野蛮人の言い伝えを信用すること、の六点を肯定しなくてはならないと述べたうえで、熟慮すればどれも認め難いとして、「石器時代人＝アイヌ」説を主

図70　白井光太郎：文化的側面から「石器時代人＝アイヌ」説を唱えた。

図71　渡瀬荘三郎：北海道に見られる竪穴（住居址）をコロボックルの住居と考えた。

張した。

　これに対し、当初石器時代人＝「蝦夷」（現在の日本人ではないものの意）説を唱えた坪井正五郎は、「コロボックル北海道に住みしなるべし」をはじめとして、白井光太郎らに反論を行う。しかしながら、その論拠は「コロボックル説は未だ証拠だてられたのではありません」と坪井自身が述べるように曖昧なものであった。議論が進み、コロボックル説が次第に学説として整ってきた段階においても、アイヌは土器・石器を使用していない、アイヌは竪穴に住んでいない、アイヌの文様と貝塚出土器の文様は同一ではない、貝塚人骨をアイヌのものと言い切ることはできない、というレベルのものでしかなかった。

　小金井良精は、形質人類学の立場から一八九〇年（明治二三）に論文「アイノ人四肢骨に就て」を、さらに同じ年に「本邦貝塚より出たる人骨に就て」を発表し、石器時代人とアイヌが非常に類似した形質をもっていたことを明らかにした。また小金井は、一九〇四年（明治三七）に『日本石器時代の住民』を刊行し、自身の「石器時代人＝アイヌ」説を広く一般に紹介した。

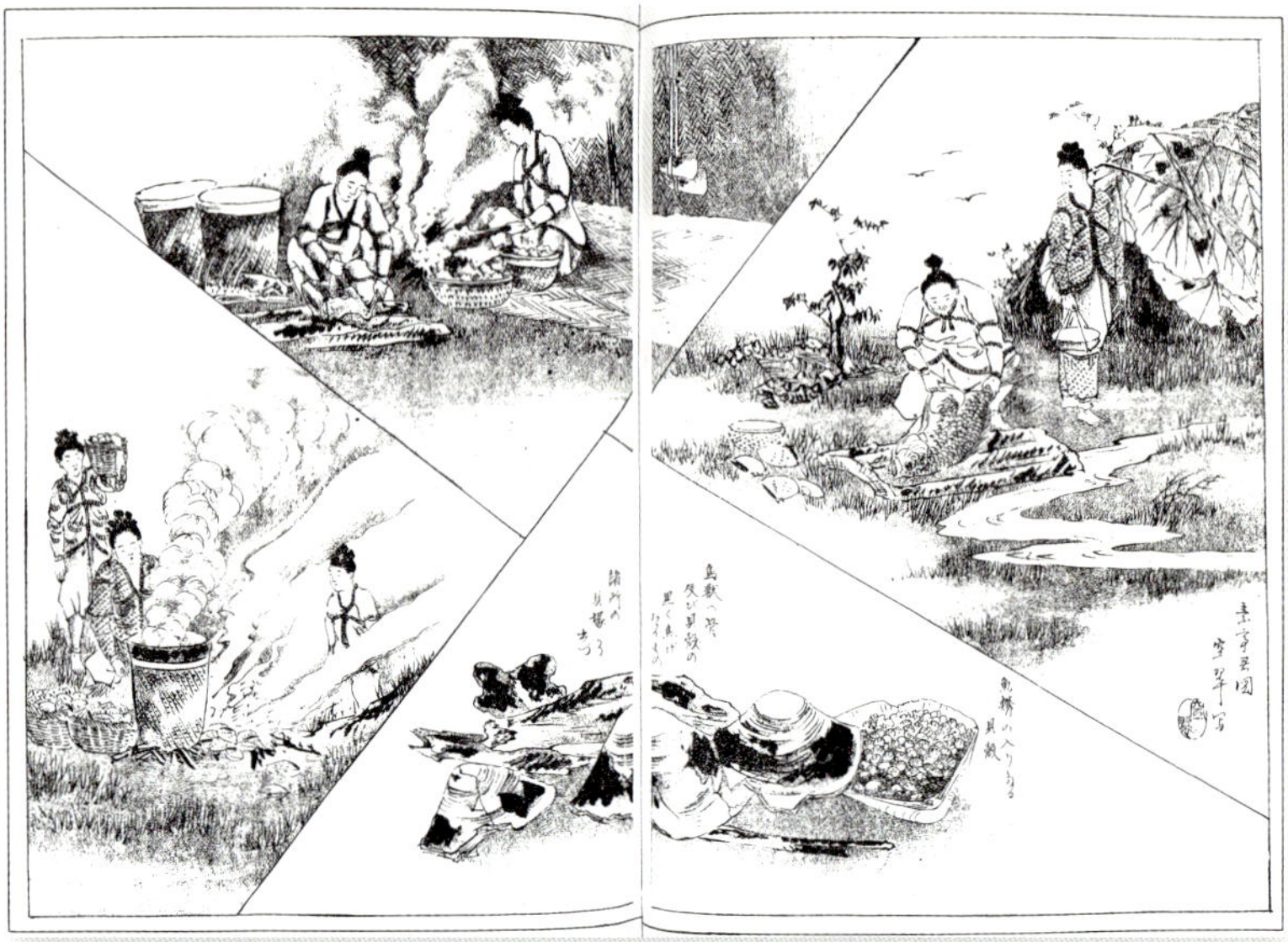

図72　「コロボックル風俗考」からの図：坪井が連載した「コロボックル風俗考」の挿図からは、石器時代人の生活・文化が、当時どのように捉えられていたのか、読み取ることができる。

図73　千島アイヌの竪穴住居：1899年に鳥居龍蔵が撮影した千島アイヌの竪穴住居。おそらく色丹島のものと思われる。この調査で鳥居龍蔵はアイヌも竪穴住居に居住していることを知り、これが「石器時代人＝アイヌ」説へ転向する契機となった。

図74　小金井良精：東京帝国大学医学部教授として、解剖学を担当した。貝塚より出土した人骨から、石器時代人（縄文人）の形質的特徴を明らかとした。「石器時代人＝アイヌ」説を唱え、多くのアイヌ人骨を収集し、欧米ではアイヌ研究の第一人者とされた。

形質人類学的な手法から立ち上げられた、小金井の「石器時代人＝アイヌ」説は、当時の学校教科書にも掲載され、最先端の西洋科学による研究成果として受け入れられたと言えるだろう。一方で坪井正五郎は、コロボックルと「エスキモー」の類似性を指摘するなど研究を深化させるが、一九一三年（大正二）にロシアのペテルブルグで客死し、これによりコロボックル説は下火となった。

坪井の死により、「日本人種論」において「石器時代人＝アイヌ」説が主流を占めるようになる。しかしながら、一九〇五年（明治三八）以降に各地において貝塚遺跡の調査が進み、多くの石器時代人骨が発見され、これらの骨格、とくに頭蓋について形態的な研究が進み、石器時代人と現在の日本人との連続性が指摘されるようになると、「石器時代人＝先住民＝アイヌ」説に立つ研究者は、次第に小金井良精と鳥居龍蔵ら以外にはいなくなっていった。一方、柳田國男は一九〇六年（明治三九）の樺太旅行の日記中で、現地の石器時代の遺跡（ソロイヨフカ）のことを「コロボックルの遺跡」と述べている。このことから、当時の柳田が「石器時代人≠アイヌ」という考え方をしていた可能性がある。あるいは、「コロボックルの遺跡」と言うところをみると、坪井正五郎の説に近い立場だったのかもしれない。いずれにせよ、柳田國男が「山人＝アイヌ（＝石器時代人の生き残り）」論を手放す時期と、日本人種論におけるパラダイム変換の時期はごく近接しており、この点は注目すべきであろう。【山田康弘】

COLUMN

アイヌ・コロポックル論争の考古学的な資料

アイヌ・コロポックル論争は、伝承や形質人類学ばかりでなく、考古資料にもとづいていた。その資料が土偶である。

コロポックル説を唱えた坪井正五郎は、一八九四年（明治二七）に「コロポックル風俗考（第一回）」の中で、石器時代の土偶には男子をかたどったものもあるが、ひげを表現したものはないと述べた。

これに対して、一九〇四年（明治三七）に中村士徳は愛知県伊川津貝塚から出土した土偶を「有髯土偶」すなわち頬にひげの生えた土偶として紹介した。ひげがある土偶であるから、ひげが少ないエスキモー（イヌイット）ではなく、アイヌ民族を写したものだとアイヌ説に依拠している。

この土偶は江見水陰も『地底探検記』で取り上げて、さらにひげのある土偶の類例を追加したのだが、坪井はこの種の土偶は覆面をしたものであり、ひげのように見えるのは覆面の一部分でありひげではないと反駁した。

明治時代に日本民族論争として一世を風靡したこの議論は、自説に合わせて土偶の表現に解釈を加えたものであり、ひげの表現であることの客観的な証拠に乏しく、昭和になると甲野勇によって批判を受けて、土偶から当時の風俗・習慣を推測する方法自体がすたれていった。【設楽博己】

図75右　愛知県伊川津貝塚出土土偶：縄文時代晩期終末のいわゆる黥面土偶。サルの顔のようにもみえる。

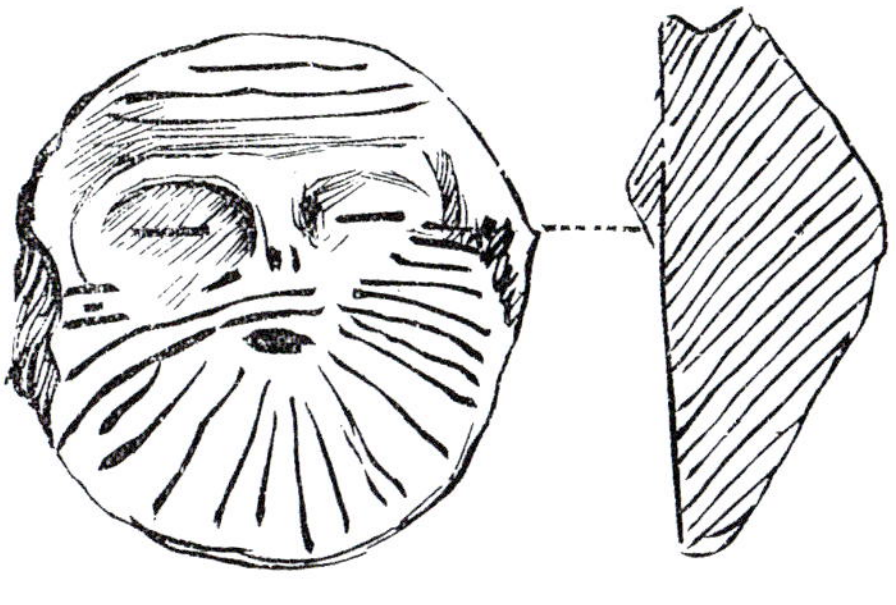

図76　中村士徳1904「三河國発見の有髯石器時代土偶に就きて」『考古界』3-9

図77　北海道函館市著保内野遺跡出土土偶（複製品）：縄文後期後半の土偶。あごのボツボツがひげかイレズミか論争された。

＊明治期の考古学は、土偶などから当時の人びとの風俗を研究するのがさかんだつた。しかし、石器時代人がアイヌだと思う人は土偶の顔面装飾をひげと考え、コロポックルだと思う人はアイヌの入墨はコロポックルが伝えたのだからイレズミだとするなど、とかく恣意的であった。

柳田國男の考古遺物収集と山人論の形成

柳田の初期の研究テーマは、「山人」論であった。

柳田の山人論を端的に言えば、日本列島の山岳地帯には、日本人と異なる人びとが移動生活を送っているが、それは先住民の生き残りではないかという論である。

一九〇八年（明治四一）六月、柳田は法制局参事官として九州を回るが、熊本県椎葉村村長の中瀬淳の家に五泊し、猟師でもある村長といっしょに山歩きをして山の神の話に心を動かされた。このときの経験が、『後狩詞記《のちのかりことばのき》』や『遠野物語』をえがく起点になったとされる。

もっとも古い柳田の山人論は、一九〇九年（明治四二）に『山岳』に掲載した「山民の生活」であろう。椎葉への旅行の一年後に発表された随筆であり、そのときの経験を語っていると思われる。

「山民の生活」の中で、柳田は地名に残るアイヌ語に注目し、

「我々の祖先は現にアイヌの祖先が居住して居る所へ後から入って来て（中略）田を開き其付近に住居を構へたと云ふことを想像させるのです。一寸人は蝦夷を追ひこくって其空地へ日本人を入れたかのやうに想像して居りますが、彼等と雑居すること稍ゝ久しくなければ決して此等の名詞を受け伝へ

図78　1908年（明治41）頃の柳田國男

る筈がありません」と述べている。蝦夷やアイヌ民族を日本人に加えていない点が注目されよう。

そして「此国の前の主がアイヌかコロボックルか、国巣は何人種か出雲族は同族か異族か。此等は別の問題として、所謂天孫種の土着まで（中略）疑なく祖先はどこかの山国から来た人でありますから」としているが、支配民族としての天孫種が大陸から渡来する以前に同じ渡来系の出雲族がおり、さらにその前に土着していたのがアイヌともコロボックルともいわれる種族であると説いている。日本という国は多民族によって構成されている、つまり多民族国家と柳田は考えているのである。

柳田が考古遺物を収集した期間は、「天狗の話」一九〇九年（明治四二）を皮切りに、「山民の生活」一九〇九年（明治四二）、『遠野物語』一九一〇年（明治四三）、「山人の研究」一九一〇年（明治四三）と立て続けに山人関係の論文を書いて構想をまとめていっている時期の直前にあたる。一九〇五年（明治三八）の「幽冥談」には、ハイネ（C. J. Heinrich Hine）の『諸神流竄記《しょしんりゅうざんき》』が引用されている。諸神流竄記には、古代ギリシャの神々がキリスト教によって追放されて山中に逃げ込みデーキン（山人）に変身した物語があるが、日本版の諸神流竄記の形成はまさに柳田が考古遺物を収集している時期と重なる。

このようにみてくると、明治時代後期における柳田の二つの行動、すなわちアイヌ民族が居住するサハリンを含んだ各地で考古遺物を収集していることと、山人が先住民の生き残りだという説を構築していったことを、切り離して考えることはできないのである。【設楽博己】

1908年椎葉村訪問

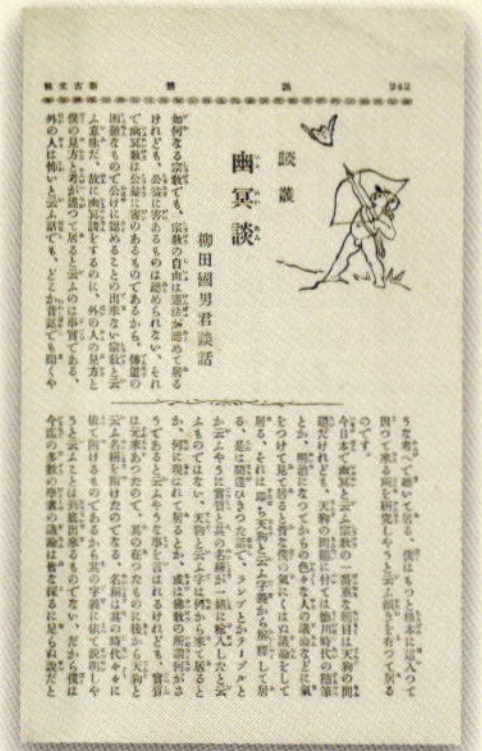

新古文林　談叢　242

談叢

幽冥談

柳田國男君談話

如何なる宗教でも、宗教の自由は憲法が認めて居るけれども、公益に害あるものは認められない、それで幽冥教は公益に害のあるものであるから、困難なもので公けに認めることの出来ない宗教と云ふ意味だ、故に幽冥談をするのに、外の人の見方と僕の見方と趣が違つて居ると云ふのは事實である、外の人は怖いと云ふ話でも、どこか昔話でも聞くやうな考へで聴いて居る、僕はもつと根本に這入つて溯つて来る所を研究しやうと云ふ傾きを有つて居るのです。

今日本で幽冥と云ふ宗教の一番重な題目は天狗の問題だけれども、天狗の問題に付ては徳川時代の随筆とか、明治になつてからの色々な人の議論などに氣をつけて見て居ると皆な僕の氣にくはぬ議論をして居る、それは即ち天狗と云ふ字義から解釋して居る、是は間違ひきつた話で、ランプとかテーブルとか云ふやうに言語と其の名稱が一緒に輸入したと云ふものではない、天狗と云ふ字は何から来て居るとか、何に現はれて居るとか、或は佛教の所謂何がさうであると云ふやうな事を言はれるけれども、言語は元来あつたので、其の在つたものに後から天狗と云ふ名稱を附けたのである、名稱は其の時代々々に依て附けるものであるから其の字義に依て説明しやうと云ふことは到底出来るものでない、だから僕は今迄の多数の学者の議論は皆な採るに足らぬ説だと

1905年「幽冥談」『新古文林』第1巻6号

考古遺物の収集活動（日付がわかるもの）

1906年サハリンで収集

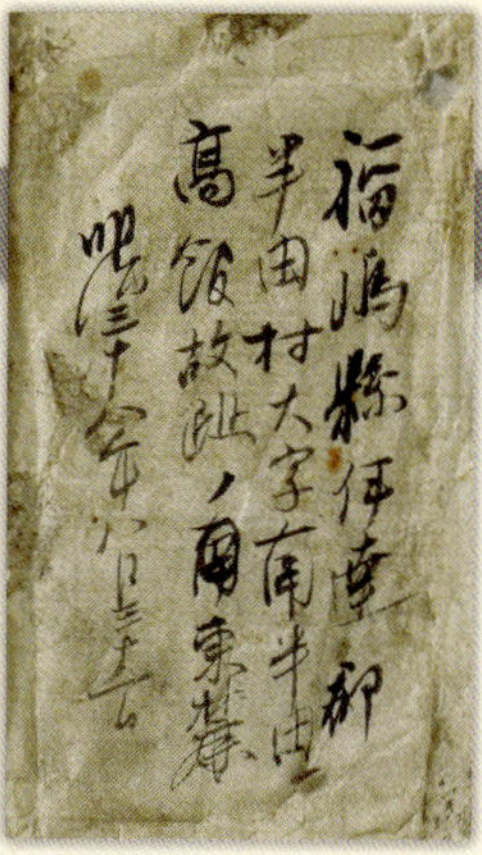

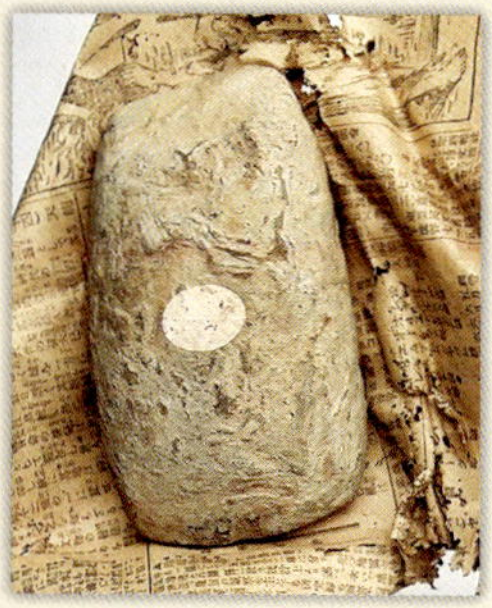

日付不明の新聞紙に包まれた石器（1907年頃か？）

1906年の「東京日日新聞」に包まれた石器

1905年福島で採集

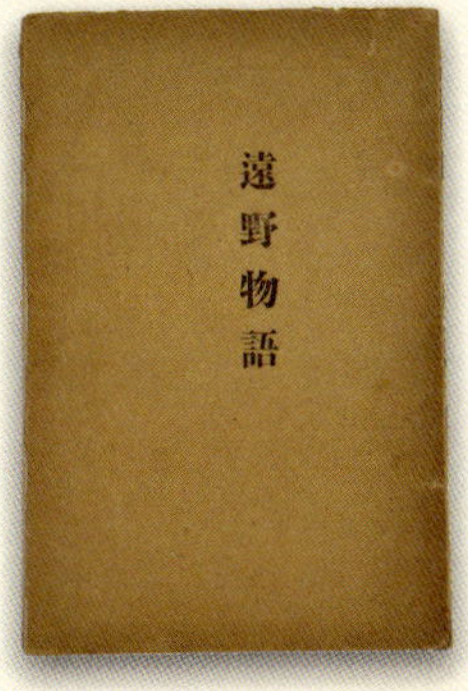

1910年『遠野物語』

1909年「天狗の話」『珍世界』第1巻3号

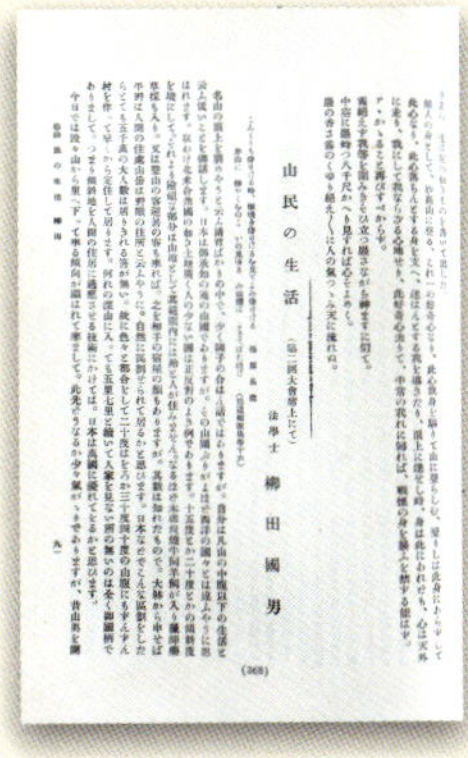

1909年「山民の生活」『山岳』第4巻3号

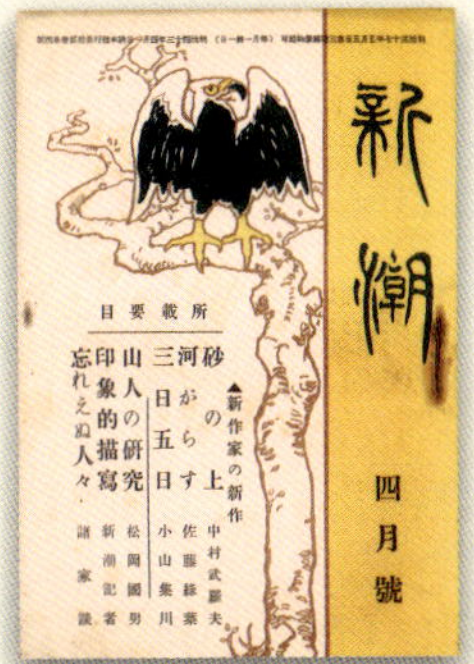

1910年「山人の研究」『新潮』第12巻4号

1909年『後狩詞記』資料椎葉山根元記

1909年の「御霊文楽座番付」に包まれた石器

図79　山人論の構想と考古遺物収集の時期の対比：柳田の日本先住民に対する考えをまとめていく歴史と、考古遺物収集の歴史が一致しているのは偶然ではないだろう。

COLUMN

『遠野物語』に描かれた遺跡と遺物

柳田國男が考古遺物を収集した時期は、「天狗の話」一九〇九年（明治四二）、「山民の生活」一九〇九年、『遠野物語』一九一〇年（明治四三）、「山人の研究」一九一〇年と立て続けに山人関係の論文を書いて構想をまとめていっている時期の直前であったことは前述のとおりである。このうち、『遠野物語』は岩手県遠野に伝わる民話を編纂した柳田の初期の代表作であるが、この中に考古学的な記述があることは、これまであまり注目されてこなかった。その記述は不思議な場所「ダンノハナ」「蓮台野」（図83 デンデラノ）のことが書かれた一一二話の中にある。その記述を要約すると以下のようである。

「蓮台野」の南の方「星谷」と呼ばれる場所には、蝦夷屋敷という四角くくぼんでいる場所（竪穴住居跡であろう）がたくさんあるといい、そこからは、素朴な土器、原料が色々な石器、土製で銭のような形をした蝦夷銭（円盤状土製品であろう）が出るという。こうした遺物が出る場所はこの山口（現在の岩手県遠野市土淵町山口）に二カ所あって、もう一方を「ホウリヤウ」と呼ぶという。「ホウリヤウ」には何の跡もないが、精巧な文様の土器、石の質が一致する精巧な石器、埴輪（土偶のことだろう）、石斧、石刀、丸玉、管玉などの遺物が出るという。なお「ダンノハナ」は館跡の続きにあって処刑場だった。

「蓮台野」にあたる場所は、山口I遺跡という縄文時代の遺跡として登録されており、縄文時代前期後葉から中期前葉の土器が採集できる。この丘陵の一段下にも狭い平地があり、ここからは土器片および磨製石斧が採集できる（図80）。地元の人の話ではここにストーンサークル（縄文時代後期に盛行する配石遺構の一種）があったといい、ここが「星谷」に相当すると考えられる。二〇一二年にこの下流約一キロメートルにある栃内野崎遺跡を発掘調査したところ、縄文時代後期前葉の多量

図80上　「蓮台野」で採集された土器：縄文時代前期から中期。
図81下　栃内野崎遺跡の遺物：縄文時代後期の土器、石器、土偶。「蓮台野」の「星谷」は、こうした遺物の出土する遺跡であったと考えられる。

の土器と、円盤状土製品、多様な石材を用いた石器類、磨製石斧が、配石遺構に伴って出土した（図81）。「星谷」はこれに類似する遺跡であったのではないだろうか。

「ホウリヤウ」は山口の東端にあたる川岸の「石仏《いしっぽとけ》」と呼ばれる場所と推定される（図82）。一九二三年（大正一二）に伊能嘉矩《かのり》・鈴木重男によってまとめられた『岩手縣上閉伊郡石器時代遺物發見地名表』には「石佛」の出土遺物が記載されており「ホウリヤウ」の遺物と種類が一致する。更に地元住民によると「山口川沿いの旧道脇にある石碑群の周辺が以前は畑で、そこから赤い色が付いた薄い土器を拾ったことがある」という。赤い色の薄い土器が拾えるということから、こちらは縄文時代晩期の遺跡であろう。

柳田國男によって書かれた一九〇九年（明治四二）三月発行『珍世界』掲載の「天狗の話」を読むと、柳田は先住民を「アイヌ」＝「蝦

図83　「蓮台野」：一般的にデンデラノと呼ばれる。60歳を過ぎた老人が棄てられたという伝承が残る場所。

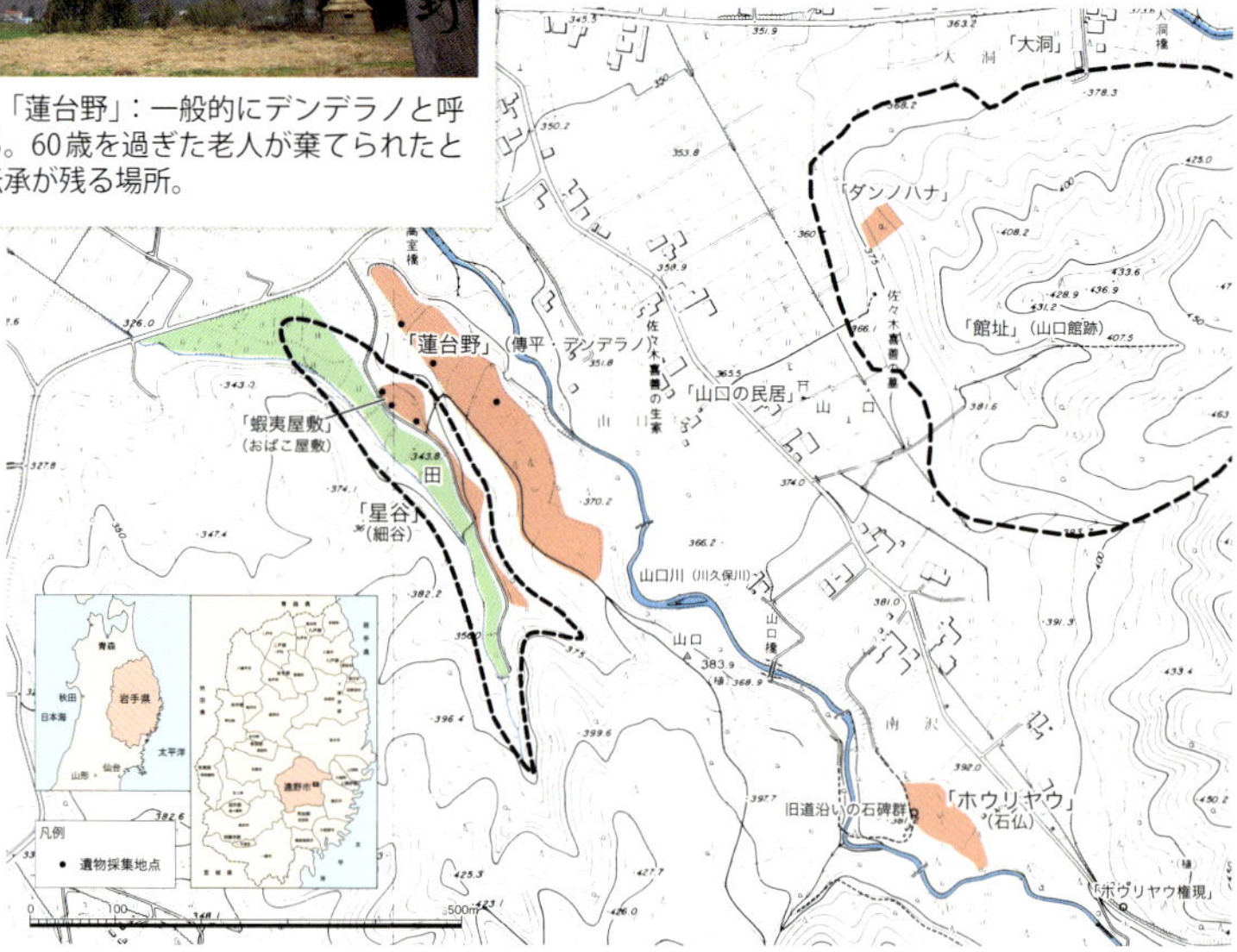

図82　「蓮台野」「ダンノハナ」「ホウリヤウ」の位置関係

夷」とし、「奥羽六縣は少なくとも頼朝の時代までは立派な生蛮地」であったと考えていたことがわかる。『遠野物語』一一二話の時代を示す言葉が「館の有りし時代」しかないことから、「ダンノハナ」「蓮台野」「ホウリヤウ」を営んだ先住民と館を築いた人びとは、中世まで隣り合わせで暮らしていたと考えた柳田の主張があらわれている。

『遠野物語』の考古学的遺跡と遺物の記述は、『遠野物語』の話者である佐々木喜善（図84 現在の岩手県遠野市土淵町山口出身）が不思議な場所「ダンノハナ」と「蓮台野」の棄老伝説とその由来を柳田に説明するために語られた、少年時代の遺物採集の経験談がもとになっていると考えられる。現在の考古学の調査成果からは、これらの遺物はいずれも縄文時代のもので、「館の有りし時代」中世にはすでに失われて地中に埋蔵されていたことが明らかとなっている。しかし、当時の柳田はこれらを同時期のものと捉えて、自身の先住民観を表現したのだろう。

【黒田篤史】

図84 『遠野物語』の話者佐々木喜善と生家：生家から200mほど西に「蓮台野」がある。

古代史学者喜田貞吉の日本民族論と柳田國男との関係

図85　喜田貞吉：古代史学者。法隆寺再建非再建論争など、考古学に対して堂々と他流試合を申し込んだ。

古代史学者の喜田貞吉《きださだきち》は、専門外の領域に他流試合を好んだことでよく知られている。考古学者との論争も数々あるが、なかでも著名なのが先史考古学者の山内清男との間で交わされた、いわゆるミネルヴァ論争である。縄文時代の終末は、ある地方では鎌倉時代まで下るという喜田の考え方に対して、山内が雑誌『ミネルヴァ』誌上の座談会でそれを批判したことに端を発する論争であり、一九三六年（昭和一一）のことであった（図86）。

ここで注目したいのは、一九〇九年（明治四二）の「天狗の話」の中で、柳田が「奥羽六県は少なくも頼朝の時代までは立派な生蛮地であった」（傍点筆者）と述べていることである。前々年に喜田は「土蜘蛛種族論」において、「土蜘蛛は蝦夷と同じ竪穴住居に住んで石器を使用した天孫種族繁延以前の先住種族であり、土蜘蛛すなわち国巣人や飛騨人というものは、みな天孫種族の圧迫を受けて山間僻遠の地に、その住処を求めた先住種族の生き残りである」と述べている（図87）。この頃の喜田と柳田は、日本の古代から中世には先住民がいて、支配者に追われて山に住み着いており、それが石器時代人の生き残りであるという認識で一致していたのである。

記紀をテキストにして早くから日本民族の多様性に注目していた喜田は、柳田の山人論に対して我が意を得たり、と思ったに違いない。喜田が大正年間に、柳田の山人論を自らの日本民族論の重要な参照枠にしていたことは、一九一六年（大正五）の「日本太古の民族に就いて」の次の文章に明らかである。「かつて山姥か山男かという名で伝えられ、あるいは単に山間・海辺の異俗として知られておったような、異種族があったのである。これは柳田〔國男〕君の『郷土研究』によく材料を集めて調査されておる。なかなか面白い材料がたくさん集まっておるようであります。ある異種族が山間に遺っており、あるいは海岸僻陬に住んでおったことは、比較的後世まで、いくらも実例のあることであります」。

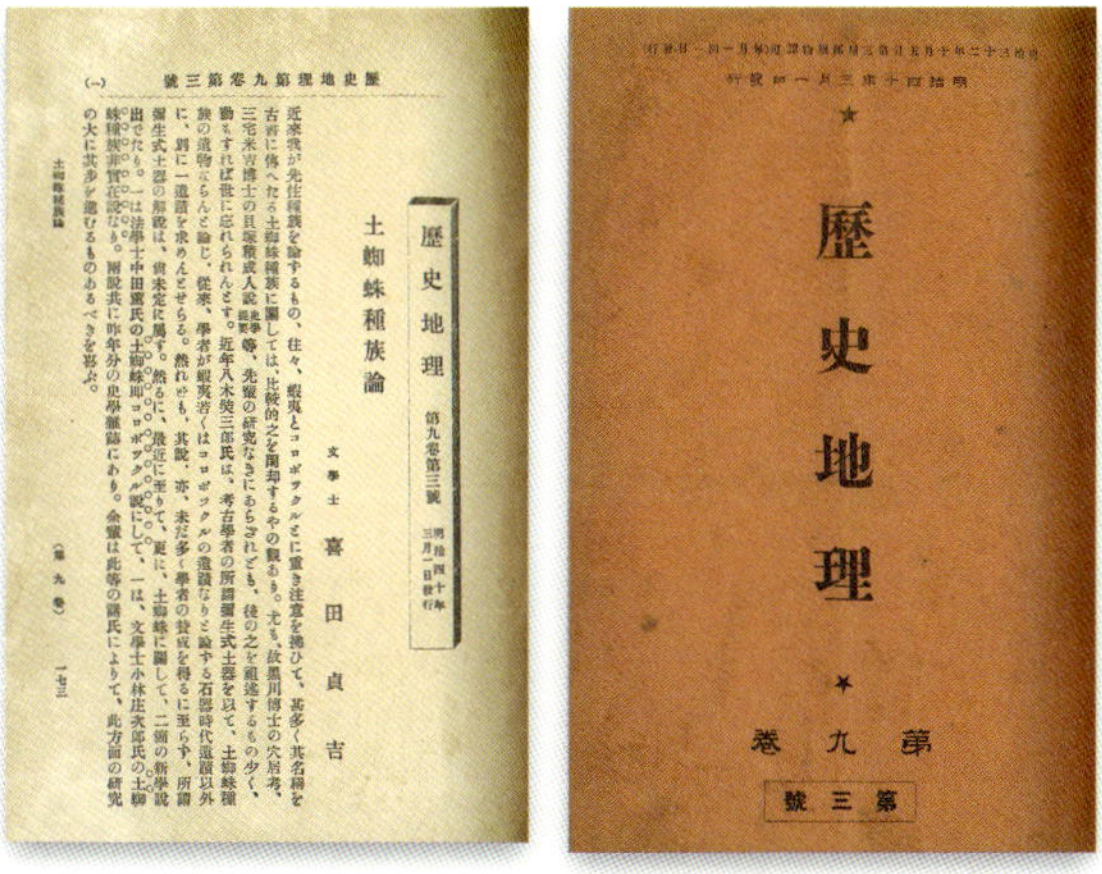

図87　「土蜘蛛種族論」『歴史地理』第9巻第3号、pp.173-187、1907年

図86　雑誌『ミネルヴァ』創刊号、1936年

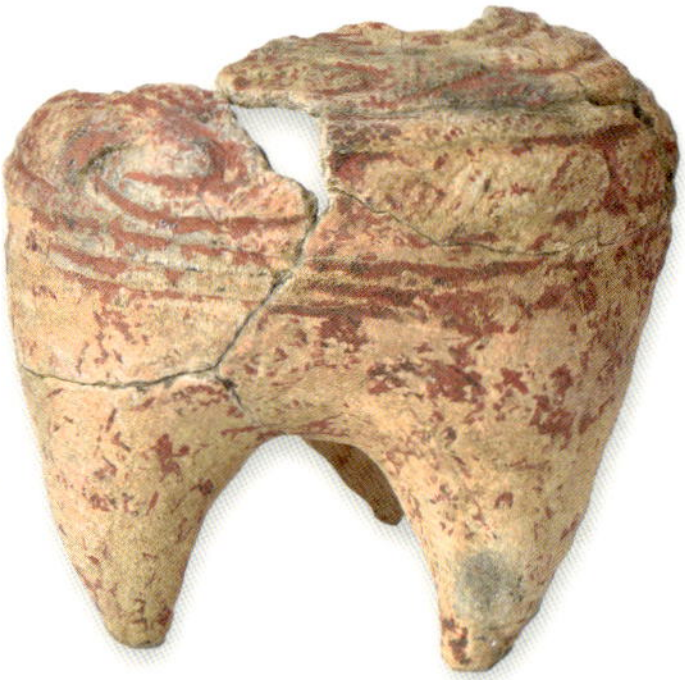

図89　青森県平舘村今津遺跡出土鬲状三足土器（複製品）

図88　鬲（中国西周　個人蔵）

図90　山形県飽海郡遊佐町三崎山遺跡出土青銅製刀子（複製品）

＊喜田は、縄文土器の三足土器や石刀などをとりあげて、縄文文化に中国の影響があるというユニークな説も唱えた。その後も三足土器や青銅の刀子が発見されているが、中国からの影響に疑問をもつ人が多い。

一九二六年（大正一五）出版の『山の人生』におさめられた「山人考」は、一九一七年（大正六）の日本歴史地理学会大会における柳田の発表手稿の記録であるが、喜田の求めに応じて活字化したといういきさつも、喜田が柳田の説に入れ込んでいたことを物語っている。

喜田が山内に対抗して提示した、縄文時代の終末が鎌倉時代まで下るという見通しは、そのはるか以前、明治末年に柳田とともに構想していった日本民族多元論を基盤にしたものであった。したがって、柳田はミネルヴァ論争のもう一人の当事者であったといってよい。その構想は、鳥居龍蔵が『有史以前の日本』で唱えて一世を風靡したいわゆる固有日本人論以前にさかのぼるのであり、こうした側面から柳田の山人論を再評価すべきはないだろうか。　【設楽博己】

鳥居龍蔵の固有日本人論――日本民族の起源と弥生土器の系譜

一九〇八年（明治四一）、愛知県熱田高蔵貝塚において、弥生土器と石器が共伴するという「驚愕の事実」が判明した。このことは、「縄文土器使用者＝石器使用者＝アイヌ」、「弥生土器使用者＝青銅器・鉄器使用者＝日本人の祖先」とする、当時の学界における歴史的枠組みに抵触することとなった。

このような「事実」を受けて、「日本人種論」においてアイヌ説に立ち、独創的な論陣を張っていた鳥居龍蔵は一九一六年に「有史以前の日本」と題する講演を行い、石器時代においてアイヌと同時期に日本に居住し、弥生土器とともに石器をも用いていた「固有日本人」の存在を主張した。

一方で、それ以前の一九〇八年に鳥居は、「満州の石器時代遺跡と朝鮮の石器時代遺跡との関係

図91　鍵谷徳三郎が示した熱田高蔵貝塚出土の土器・石器・獣骨（鍵谷1908より）：弥生土器の使用者が石器を用いていたことを示す証拠が提示され、当時は「前代未聞の証拠」とされた。

図92　鳥居龍蔵：鳥居龍蔵は、日本国内をはじめ、朝鮮半島・中国・モンゴル・台湾・千島列島・サハリンなどの各地を精力的に調査した考古学・民族学の泰斗である。東京帝国大学助教授・国学院大学教授・上智大学文学部長兼教授・燕京研究所客座教授などを歴任した。「石器時代人＝アイヌ」説をとり、後に「固有日本人」説を唱えた。

に就て」を発表し、満州と朝鮮および弥生土器に伴う石器の間に類似性を認め、これらの文化はお互いに関係をもっていたと述べ、さらに一九一三年（大正二）に「銅鐸考」を発表し、銅鐸をインドシナの銅鼓と関連づけて理解し、日本人の祖先（後の固有日本人）がインドシナ派民族と関係があると述べている。鳥居は、日本人の起源が朝鮮半島から北アジアおよびインドシナ方面にあるという、多層的な構造を想定していたのであった。

さらに鳥居は、一九二〇年（大正九）に「日鮮人は「同源」なり」を発表し、先史時代の日本と朝鮮半島における文化的な共通性を指摘している。翌年には、「武蔵野及其付近の有史以前人骨に就て」を発表し、人骨の頭長幅示数から、石器時代人をアイヌと断定する一方、散乱状態で出土した人骨の中に例外的なものが含まれているとして、これらを後代の混血の結果であるか、あるいは固有日本人のものであり、これらが破損・散乱しているのは石器時代人のカニバリズムの産物とした。さらに、一九二三年（大正一二）には「原始時代の人種問題」を発表し、縄文土器はアイヌの所産、弥生土器は我々の祖先の手になったものという説を繰り返し、「縄文土器使用者＝アイヌ」、「弥生土器使用者＝固有日本人（我々の直接的な祖先）」という図式を明確化する。翌年には「歴史教科書と国津神」の中で「国津神＝固有日本人」であり、東にアイヌの遺跡（縄文時代の遺跡）が多く、西に固有日本人の遺跡（弥生時代の遺跡）が多いのは、アイヌと固有日本人が住み分けをしていたためだと述べるとともに、

図93　モンゴル調査中の鳥居親子

この点に関して歴史教科書で正しい記述を行うように求めている。続く一九二五年（大正一四）の「先史時代のアイヌ人と我が祖先の先駆者」では、アイヌは北海道・千島他に残っているが、これは我々日本人の祖先に駆逐されたもので、アイヌを除く古い日本民族は、固有日本人（満州朝鮮を経てやってきたツングースの一派）・インドネジアン（スマトラ〜台湾）・苗族系統のインドシナ民族であり、これらが混血して日本人は成立したと述べる。ここにいたって、鳥居の「固有日本人」論はその全容を現したと言えよう。

しかしながら、多くの石器時代人骨のデータを基に論陣を張る長谷部言人や清野謙次といった新しい世代の研究者が鳥居の「固有日本人」論を支持することはなかった。にもかかわらず、鳥居は現代日本人の多重性、「石器時代人＝アイヌ」といった図式を撤回することはなく、むしろそれを強化する方向で論陣を張った。ここに、形質人類学に対する鳥居の学問的スタンスを読み取ることができるだろう。

柳田國男と鳥居龍蔵の間に深い親交があった、あるいは両者の学問に相互に影響を与えあったというような具体的な証拠は確認できていないが、両者の間に接触があったことは間違いない。人類学会を通じて鳥居龍蔵と接触があった柳田の中に、「アイヌ＝先住民」、そして山人論につながる「イタカとサンカ」の問題、「被差別民＝先住民の末裔」という考えが移植された可能性は高いだろう。【山田康弘】

COLUMN

今西龍と固有日本人論

鳥居龍蔵の固有日本人論は、一九一六年（大正五）に大要が示された。鳥居は、アイヌ民族＝縄文土器使用者、固有日本人＝弥生式土器使用者ととらえて、縄文土器の使用者が土着の先住民で、弥生式土器の使用者が大陸などから渡来してきた人びとであると考えた。弥生式土器の使用者が渡来してきた根拠の一つが弥生式土器にともなう石器が遼東半島や旧満州地方の石器によく似ていることであった。したがって、弥生式土器の故郷も大陸にあることが確かめられなくてはならなかった。

その大きなヒントになったのが、今西龍（一八七五〜一九三二）の韓国金海貝塚の発掘調査であった。今西は、のちに京城帝国大学と京都帝国大学の教授になった東洋史学者であるが、一九〇六年（明治三九）に韓国に渡り、金海鳳凰台で貝塚を発見し、簡単な発掘を行う。その際出土した遺物を翌一九〇七年に『東京人類学会雑誌』に載せて、これらが弥生式土器の大元であり、弥生式土器は朝鮮方面から伝わったものだと述べた。

この論文が鳥居の目にとまり、弥生文化は石器だけでなく土器も大陸に起源が求められることを確信したのである。

東京大学総合研究博物館には、今西がこのとき発掘した資料が収蔵されている。　【設楽博己】

図94　朝鮮半島の南山遺跡から戦前に採集された遺物：上の3点は青銅器時代の土器。右上は同じく穂摘具の石庖丁。下は磨製石斧。鳥居が採集したのか不明だが、このような資料から弥生文化の遺物との類似を鳥居は主張した。

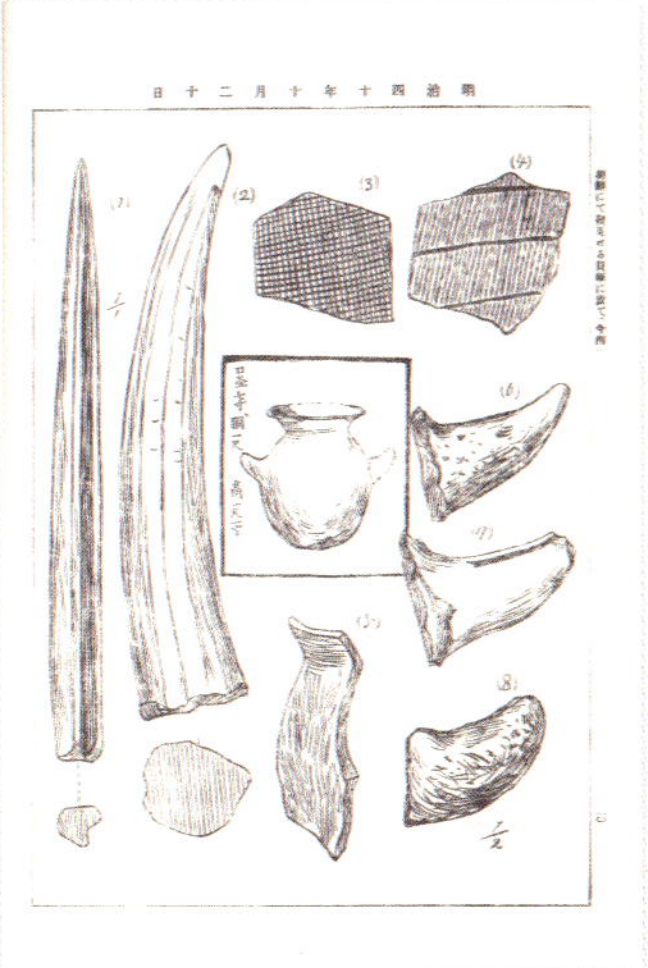

図96　今西龍が金海貝塚で発掘した遺物の図：今西龍 1907「朝鮮にて発見せる貝塚に就て」『東京人類学会雑誌』第23巻259号

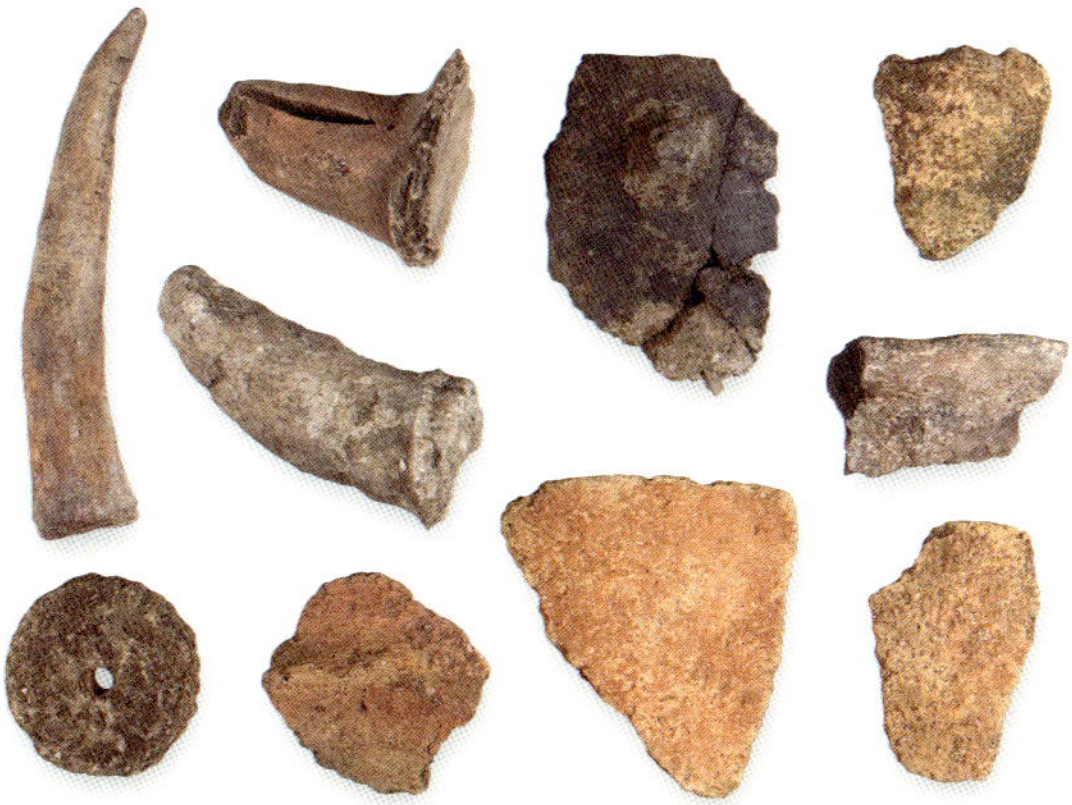

図95　今西龍が金海貝塚で発掘した遺物：左上は鹿角製の刺突具。左下は糸を紡ぐ紡錘車。他は土器。図と照合できるものもある。

形質人類学者による日本人種論

図97　長谷部言人：新潟医学専門学校（現新潟大学医学部）、東北帝国大学医学部教授を経て東京帝国大学理学部教授となり、理学部に人類学科を創設した。1919年に大阪府国府貝塚の発掘に参加して以降、石器時代人骨の研究に邁進し、石器時代人＝アイヌ説を否定した。

一九〇五年（明治三八）を過ぎると、各地の貝塚から石器時代人の完全骨格が発見されるようになり、これらを用いて形質人類学的な観点から日本人種論の研究が行われるようになっていった。なかでも長谷部言人《ことんど》と清野謙次は、その中心的な研究者であった。

長谷部言人は、東日本を中心として石器時代人の研究を行い、一九一七年（大正六）に「壮丁の身長より見たる日本人の分布」を、同年に「日本人頭蓋の地方的差異」を発表して、現代日本人の形質が画一的なものではなく、かなり地方変異が大きいことを指摘し、日本人の系譜には石川型と岡山型の二系統があり、それは石器時代にまでさかのぼる可能性があると主張した。長谷部は、日本人の形質が石器時代人から現代人に至るまで何らかの形で系譜的には連続し、「石器時代人＝アイヌ」から現代日本人の祖先のような人種置換が想定できないことを

図98　長谷部の人骨発掘：津雲貝塚を調査している長谷部言人（中央の立っている人物）。足下に掘り出された人骨が確認できる。

図99　清野謙次：京都帝国大学医学部教授で、本来は染色体を中心とする病理学を専門とした。岡山県津雲貝塚出土人骨の調査を嚆矢とし、各地の貝塚から400体あまりの石器時代人骨を収集した。その分析結果からこれまでの「石器時代人＝アイヌ説」を否定し、石器時代人こそが現代日本人の祖先であるとして「日本原人」の存在を提唱した。

形質人類学の観点から指摘したのである。さらに長谷部は、同年に「石器時代住民論我観」を発表し、鳥居の固有日本人論を批判する。また、「蝦夷はアイヌなりや」を発表して、単純な「石器時代人＝アイヌ」の図式を否定した。一九一九年（大正八）には「石器時代と聞いたらアイノやその他を連想する前、まず日本人、その種々な体形を有する祖先たちを連想するのが順当」と述べ、日本人の起源が石器時代に遡ることを再度主張した。この一連の論文は、後年に「変形説」と呼ばれる「日本人起源論」へと繋がっていくものである。ここに従来からのパラダイム、すなわち「石器時代人＝アイヌ＝縄文土器使用者」であり、「固有日本人＝弥生土器使用者」・「先住民であるアイヌを駆逐した」という人種交代説に対し、正面から学術的な反論が加えられたのであった。

一方、一九一九年から翌年にかけて岡山県津雲貝塚が京都帝国大学によって調査され、六〇体あまりの石器時代人骨が出土した。この人骨の調査を担当したのが、清野謙次であった。津雲貝塚で、保存状態の良い人骨を入手した清野は、西日本を中心として各地に赴き、人骨の出土が有望視される貝塚を発掘して回った。とくに、一九二二年（大正一一）から翌年にかけて行った愛知県吉胡貝塚の調査では、保存状態の良い石器時代人骨を三〇〇体も入手することができ、これを基にして清野の研究は急速に進展した。これらの検討結果を踏まえて、清野は一九二五年（大正一四）に刊行された『日本原人の研究』の中で、現代日本人と石器時代人の形質の差を統計的計算の結果から数値として表現し、計算された石器時代人とアイヌの距離は現代日本人と石器時代人の距離よりも大きいことを示し、統計学的見地から「石器時代人＝アイヌ」を否定した。また清野は、石器時代人には地方差があっても、その形質的特徴はほぼ同一で一種族であったとし、これを「日本原人」と呼んだ。そして、日本人はこの「日本原人」をベースとして、いくつかの民族が混血して形成されたものと述べた。この説は、後に「混血説」と呼ばれ、長谷部言人の「変形説」とともに、戦後しばらくの間まで日本人起源論の二大仮説として継承されることになる。

長谷部と清野らを中心とした古人骨の研究は、一九二〇年代以降の「日本人種論」において、単に「石器時代人＝アイヌ」説を否定しただけではなく、日本における先住民の存在をも

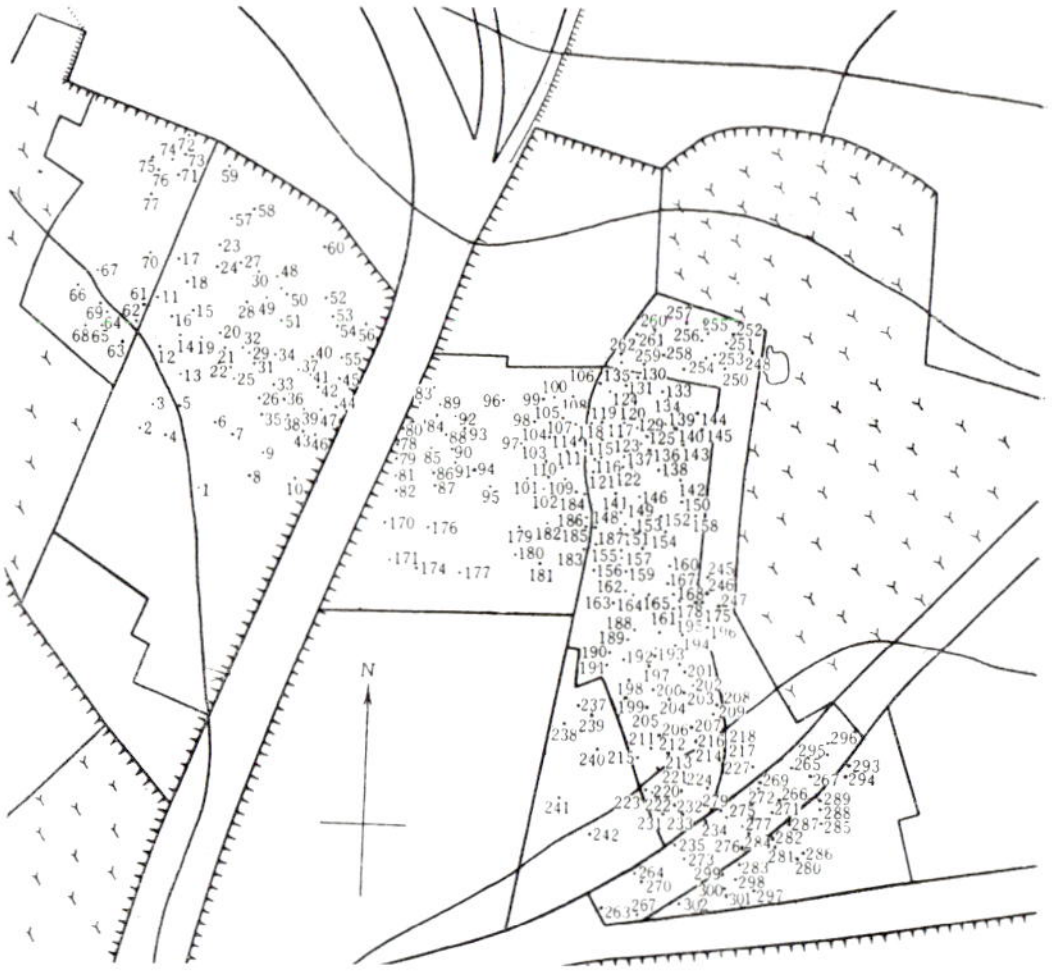

図100　吉胡貝塚における人骨出土地点図：図中の数字の横の点が人骨の出土地点。300体を超える資料を清野は一月ほどで掘り上げた。

図101　津雲貝塚における人骨出土状況：足を折り曲げた典型的な屈葬例であり、両腕に貝製の腕飾りを着装している。

「科学」的に否定した。このような状況について柳田國男は、一九二六年（昭和元）に行った講演「Ethnologyとは何か」の中で、以下のように述べている。「京都と仙台では医学者の中から此の学問に手を着けた人が出た為に、少なくとも研究の中心は骨骼調査に置かれていて、勢い受持区域を狭く限り、さっさとこの方面の業績を挙げようとして居る。恰も屋根屋の不在中に、左官が塗ってしまおうとするようなものである」。京都とは京都帝国大学医学部教授であった清野謙次のことであり、仙台とは東北帝国大学医学部教授であった長谷部言人のことである。このような、日本における人類学の状況を家屋建築に仮託した、学問的とは言いがたい批判からは、「先住民＝アイヌ」説、および先住民の存在そのものが否定されたことに対する柳田の心境を読み取ることができる一方で、柳田が日本人類学界の研究動向をよく知っていたことがわかる。柳田が山人論を放棄する時期と、長谷部・清野らの研究によって「石器時代人＝アイヌ＝先住民」というパラダイムが否定される時期は、ほぼ同じであると言うことができるが、それは日本人類学の研究動向に沿ったものであったと推察されるだろう。

時期的には少し後になるが、柳田は『民間伝承論』において、「日本の所謂体質人類学は、上又フオクロア同様に素人臭く、甚だしい問題の選り食いをして居る」とし、「体質人類学の上代偏重、起源論熱中にはまだ理由がある」と述べ、同情的批判を行っている。このような発言も当時の日本人類学界の状況を知らないと言えることではない。柳田が日本における人類学研究の動向を注視していたことは間違いなく、その点は成城大学に保管されている柳田の各種蔵書類からも明らかである。

【山田康弘】

4

柳田民俗学の形成と考古学批判

1921年（大正10）頃、ジュネーブ出発前か

大正から昭和の初め頃になると、柳田國男は考古学批判を繰り返し述べるようになる。柳田は新たな歴史研究の方法として同じ新興の学としての考古学を絶えず意識していた。柳田の民俗学の特徴は民俗文化の中でもその精神性への強い志向であり、また言葉を媒介として民俗事象を把握することであった。この章では、自然科学的研究（もの資料追随主義）へと突き進む考古学への不満から、柳田の民俗学が乖離していった様子を探る。そして、柳田がどのような方向へ進もうとしていたのかをみていきたい。

柳田國男はなぜ考古学を批判し、考古学と決別したのか

柳田は考古学が嫌いだったという観方がある。柳田の著作を紐解くと、たしかに考古学に対して辛辣な文章によく出くわすが、それがある期間に集中していることにも気づかされる。

柳田の考古学に対する明確な批判は、一九一八～一九年（大正七～八）に書かれた「村を観んとする人の為に」が最初のようだが、このときに一九三五年（昭和一〇）頃まで繰り返し述べられる考古学批判が一気に展開される。批判内容は、次の三つに分けられる。

①一部の資料で歴史を語ることができるのか、という批判。

②生活史を重視していないという批判。腐らない土器石器は生活のごく一部にすぎず、その背後には腐ってなくなってしまったものがたくさんあることから、「無形遺物」を加えた研究を行わなくてはならないという。

③上代偏重・起源論重視批判。考古学は上古だけを相手にしているが、起源ばかり追い求めずにその後の複雑な歴史をたどって今に残っていることに思いを致すべきだという批判であり、その後鳥居龍蔵のいわゆる「有史以前」という考えに対して、「有史以外」に取り組むべきであると上代偏重を戒めた。

この随筆は、農学者新渡戸稲造のもとで立ち上げられた郷土会が、総力をあげて行った神奈川県内郷村の民俗学的調査の経験と反省としてつづられた。郷土会は一九一〇年（明治四三）

表5　「村を観んとする人の為に」(『都会及農村』第4巻第11号〜第5巻第2号、1918〜1919年)に書かれた柳田國男の考古学批判

◎柳田國男の記載	◎批判点
「近頃自分はハヴロツク・エリスの日記を読んでいますが、……此人の説では、掘ってみる位ならば、ポムペイとか、日本の河内の国府とか、めぼしい処だけ拾い食ひしたのではだめだとあります」	表面採集などの一部の資料で歴史を語ることができるのか、という批判
「所謂コロボツクルの先祖であったか敵であったかを評定するよりも前の仕事であるやうに自分は思います。即ち食ったとすれば何を食い、寝たとすれば如何にして寝たかと云う方面(を研究すべき)」 「我々の先祖は住居にも器具にも、多く朽ち易い材料を使用して居ったことです」	「無形遺物」を加えた生活史を重視していないのではないか、という批判
「古墳と塚とは丸で別だなどと言う人が、大さや形や土地の口碑の類に絆されて、何度となく無用の土を動かして失望して居るのはをかしいと思います。是と云うのが上古を重んじて最近千年の人の心の変化を顧みなかったためで……既に存する封土に更に色々の変改を加へるなどの、久しく且複雑なる歴史のあることを思はぬ為であります」	起源ばかり相手にせず、複雑な歴史をだとって今に残っていることに思いを致すべきだという批判
「散らかった土器のかけらなどを日にさらして、大昔の武蔵野などと言うことは、吉田文俊君などのごとく、へぼ小説のような趣向」	鳥居龍蔵が1920年(大正9)に『武蔵野』に書いた「有史以前の武蔵野」に対する批判

から一九一九年（大正八）まで続いたが、この間柳田は主たる研究の対象を農政学から民俗学へと移してゆき、一九一八年（大正七）、満を持して内郷村の調査に乗り出したのである。

しかし、内郷村の調査が方法論と理論をもち合わせていなかったために失敗したと感じた柳田は、方法論の構築に腐心するようになる。一九一九年は貴族院書記官長の職を辞して民俗学一本でやっていこうと路線固めをしようとしたときである。まさにその時点で数々の考古学批判が原型を形成したのは、考古学批判を通じて、民俗学という自らの学問の性格をみきわめようとしたからではなかっただろうか。

一九三五年頃（昭和一〇）になると考古学批判もトーンダウンして、むしろ非文字を扱う学問の役割の民俗学との共通性や考古学の成果を強調するようになっている。民俗学の完成と考古批判が表裏をなしていることの、ひとつのあらわれであろう。

つまり、柳田は決して考古学自体が嫌いだったのではなく、その方法論が問題であることを述べ、それによって民俗学の方法論的確立から、さらに新しい歴史学の構築をめざしたのである。それが、考古学批判の理由であった。

当時の考古学との根本的な差は、柳田が民俗学を世のため人のためになる学問として構想していたことである。これは柳田の幼少期の体験と学生時代に両親を亡くしたことが大きなきっかけとなって終生変わらない柳田の学問観を形づくることになったのであり、土器ばかりをいじくっている学問を自らの理想と遠いところにあるものとみなしていたことが考古学批判の土台をなしていよう。

【設楽博己】

COLUMN

柳田國男が批判した「近世考古学」の現在

柳田國男は、考古学の対象を、原始・古代だけではなく中近世へ、土器・石器・人骨だけではなく植物性遺物へと拡張する必要を訴え続けた。また墓、調理器具、照明器具、民家等、具体的な物質文化に社会の変動をみる仮説を出したが、その際直接念頭に置いたのは近世であった。ここでは、今日の近世考古学の成果を、柳田の論点との関連から紹介する。

一九六〇年代、中世考古学・近世考古学が提唱され、現在、発掘調査の対象は、明治時代以降へも拡張している。また、自然科学と協力した植物性遺物の研究も進み、縄文から近世に至る出土木製品の、全国的データベースも作られている（『木の考古学』）。柳田は、自邸の庭の縄文土器片と陶磁

①

①木棺、
②甕棺、
③蔵骨器
（東京都新宿区發昌寺跡）

②

③

図102　江戸時代の墓

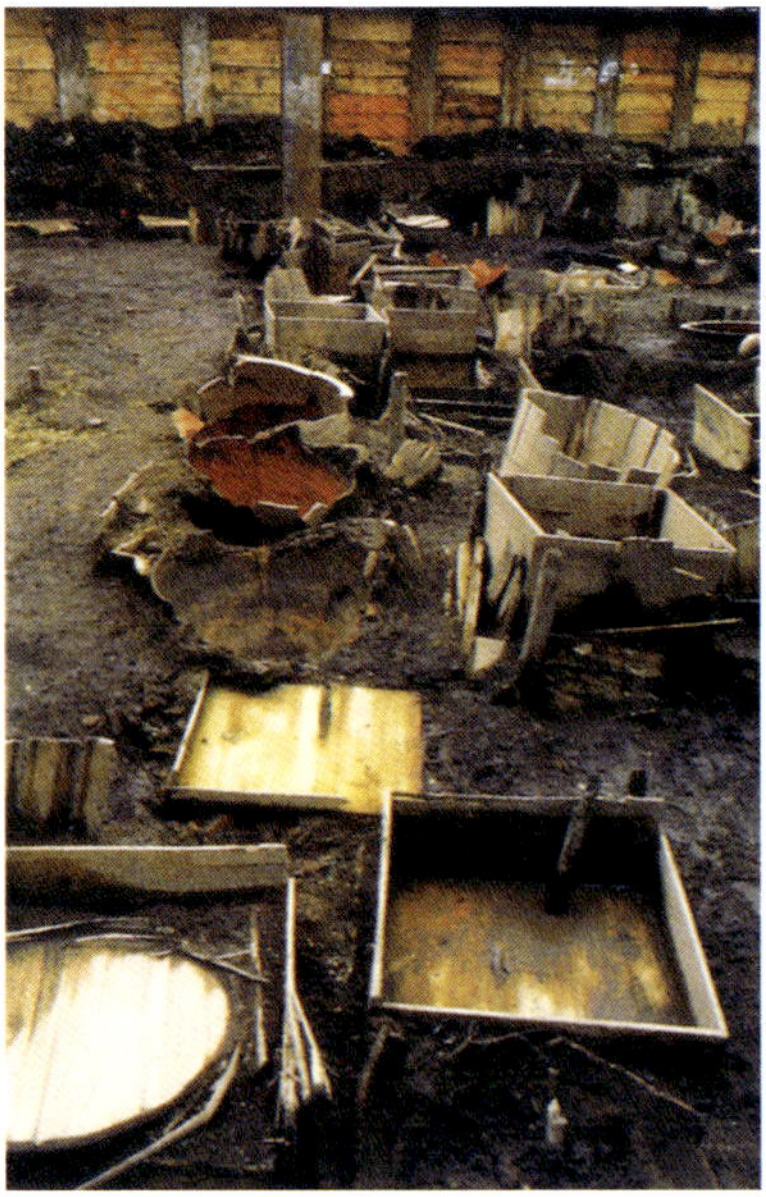

埋葬施設検出状態（東京都新宿区發昌寺跡）

器片に、同等の価値を見出したが、今日陶磁器研究は、産地分析や編年が全国的に整備され、近世考古学の根幹をなしている。同じく全国的規模で、墓碑や石塔も集成され、石材流通や技術系譜が検証される。とくに墓は、地域・階層による多様性が確認され、両墓制導入も一律でないと判明している。鍋・釜では、土製から鉄製への変化が古代から近世まで通観され、列島内での東西差が明らかにされている。照明器具も多数出土し、変遷が検討される。開発の関係上、都市部の城郭・大名屋敷のデータが多数を占めるが、それ以外の事例も増加し、民家では、柳田が初期に注目したアイヌのチセも含め、建築学と連携して、建物配置・間取り・柱構造の変化が追究される。

近世考古学は、柳田の巨視的な仮説の当否を一挙に決するものではないが、より多様な事例を緻密に積み重ね、柳田の描いた近世像に、輪郭を与えつつあるといえる。

【林　正之】

碗、皿、猪口、盃、銚子、徳利、土鍋、散り蓮華（東京都新宿区三栄町遺跡）

灯明皿、秉燭、瓦灯、油差し（東京都新宿区三栄町遺跡）

図103　食器、調理器具、証明器具

自然科学と文学——松本彦七郎・山内清男と柳田國男

ミネルヴァ論争において、縄文時代の終末がある地方では鎌倉時代まで下がるという喜田貞吉の説の反論に山内清男《やまのうちすがお》が用いたのは、縄文土器の編年であった。

大正年間に東北帝国大学で古生物学の研究を行っていた松本彦七郎が、縄文土器に施文される文様の変化から土器型式の連続性や系統性を追い求めて年代序列をつくり、貝塚の分層発掘を行うことによってその確かさを検証するという、きわめて自然科学的な分析方法を樹立すると、山内はそれに学んで土器型式の設定とその変化を徹底的に検証した。その結果、昭和初期に全国的な縄文土器の編年体系をほぼ完成させるが、それに照らせば縄文土器から弥生土器への変化は九州と東北地方の間でわずか二〜三型式、時間にすれば二〜三〇〇年程度にすぎず、とても鎌倉時代まで存続することはあり得ないというのが山内の反論の根拠であった。

喜田の考え方が、蝦夷などを遅れた文化の人びととしてとらえてその皇化に浴する必然性を説く記紀の記述、すなわち「常識」と調和した結論であったのに対して、山内はそれを胡散臭いという当時としては危ない表現で退けたと

図104　松本彦七郎：古生物学者であり、生物学的な考え方を考古学に導入して成功を収めた。

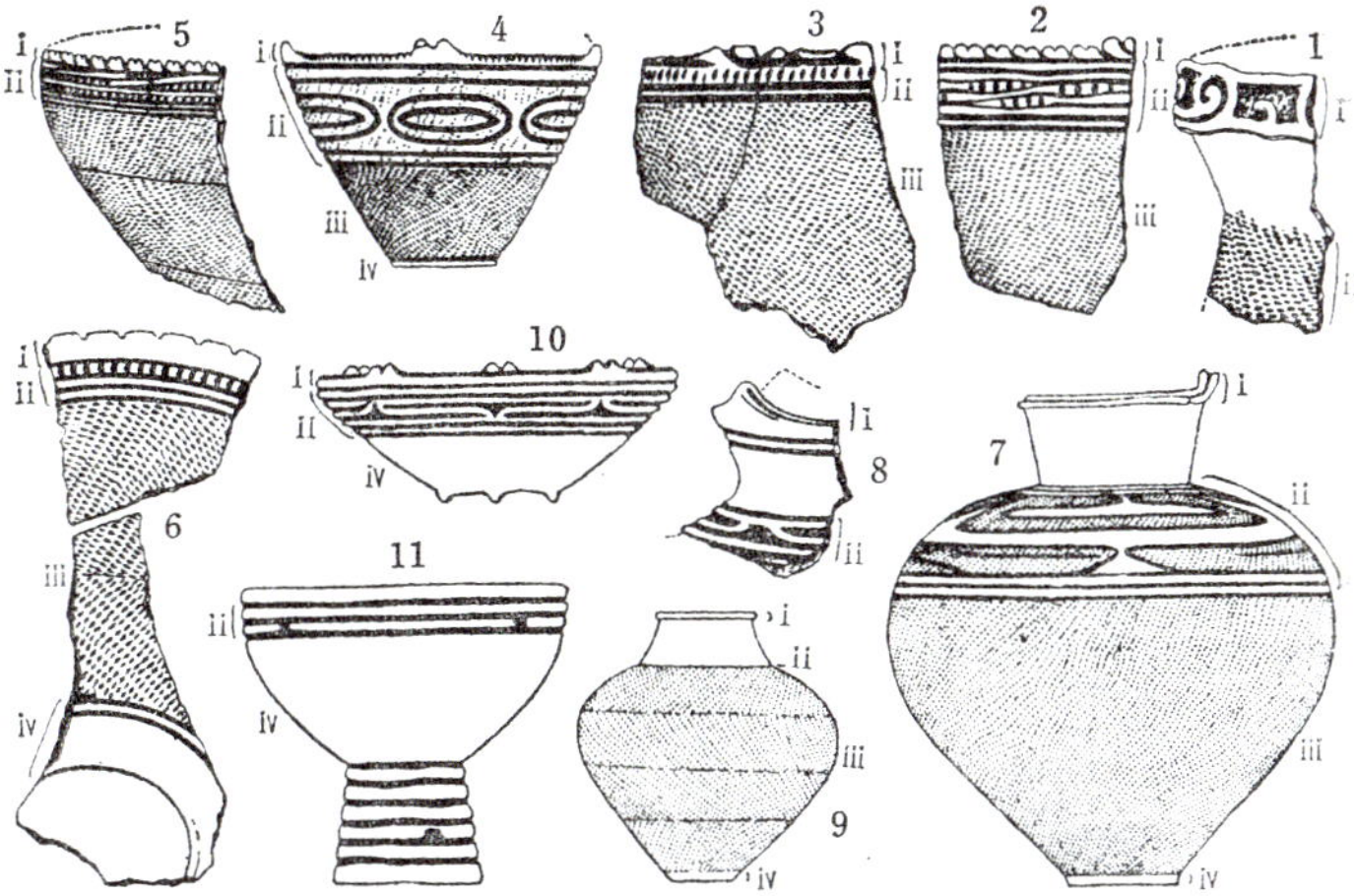

図105　松本彦七郎の土器型式学を示す図：生物学の系統発生の概念にもとづいて、土器の文様が部位によって消長を遂げる様子を進化的な視点からとらえた。

ころに問題の本質がある。山内がこの論争に打ち勝ったのは、型式学と層位学という科学的方法によって、ゆるぎない年代序列と横の併行関係、すなわち編年網を確立し、縄文時代が鎌倉時代にまで続くということを事実によって否定したからであり、それがミネルヴァ論争の意義として、今日高く評価されている点である。

かつて喜田と分かち合っていた柳田の構想が打ち砕かれたわけだが、松本や山内の型式学に対して柳田はどのような理解を示したのだろうか。

「土鉢土瓶の紋様の比較だけで、彼等の生活を知り得ざるは明白なことである」という柳田の考古学批判（一九二六年〈大正一五〉）は、松本が一九一八年（大正七）に貝塚の発掘調査によって土器の層位学、型式学的研究を進め、その成果を一九一九年（大正八）に『現代の科学』や『人類学雑誌』に発表した内容を指すのであろう。その後、柳田がミネルヴァ論争や山内の方法に言及したことはない。あれほど聡明な柳田であるから、松本や山内の研究の重大さを理解できなかったわけはなく、しなかったのだと考えたほ

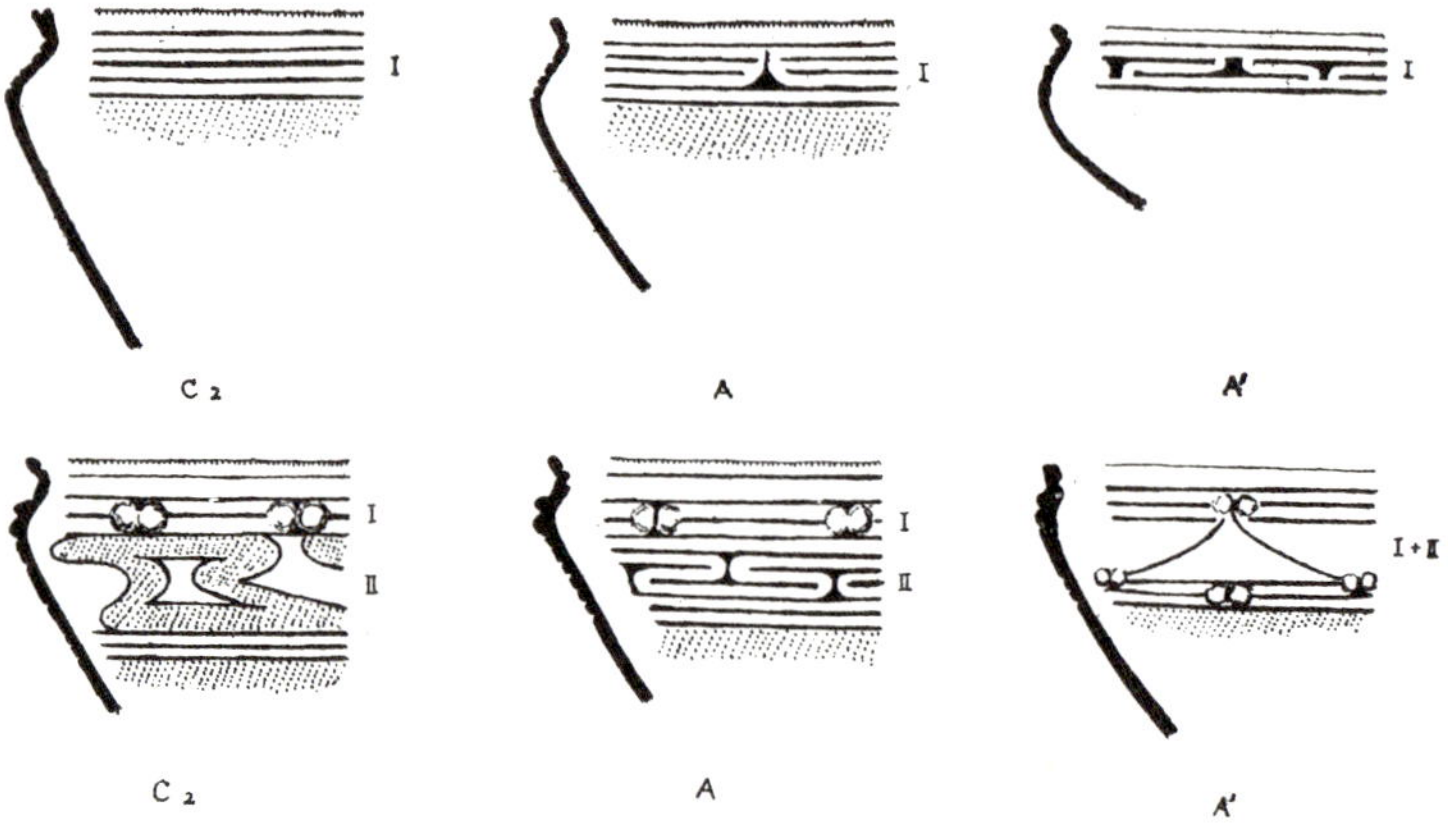

図106　山内清男：日本先史考古学、とくに縄文文化研究の泰斗。遺伝学を志した山内は、松本の業績を終生にわたり評価した。

図107左　大洞貝塚A'地点の土器：大洞貝塚でも最も新しい時期、晩期終末の土器。

図108右　大洞貝塚C地点の土器：上の有名な図は、大洞貝塚出土のこれらの土器の観察にもとづく。

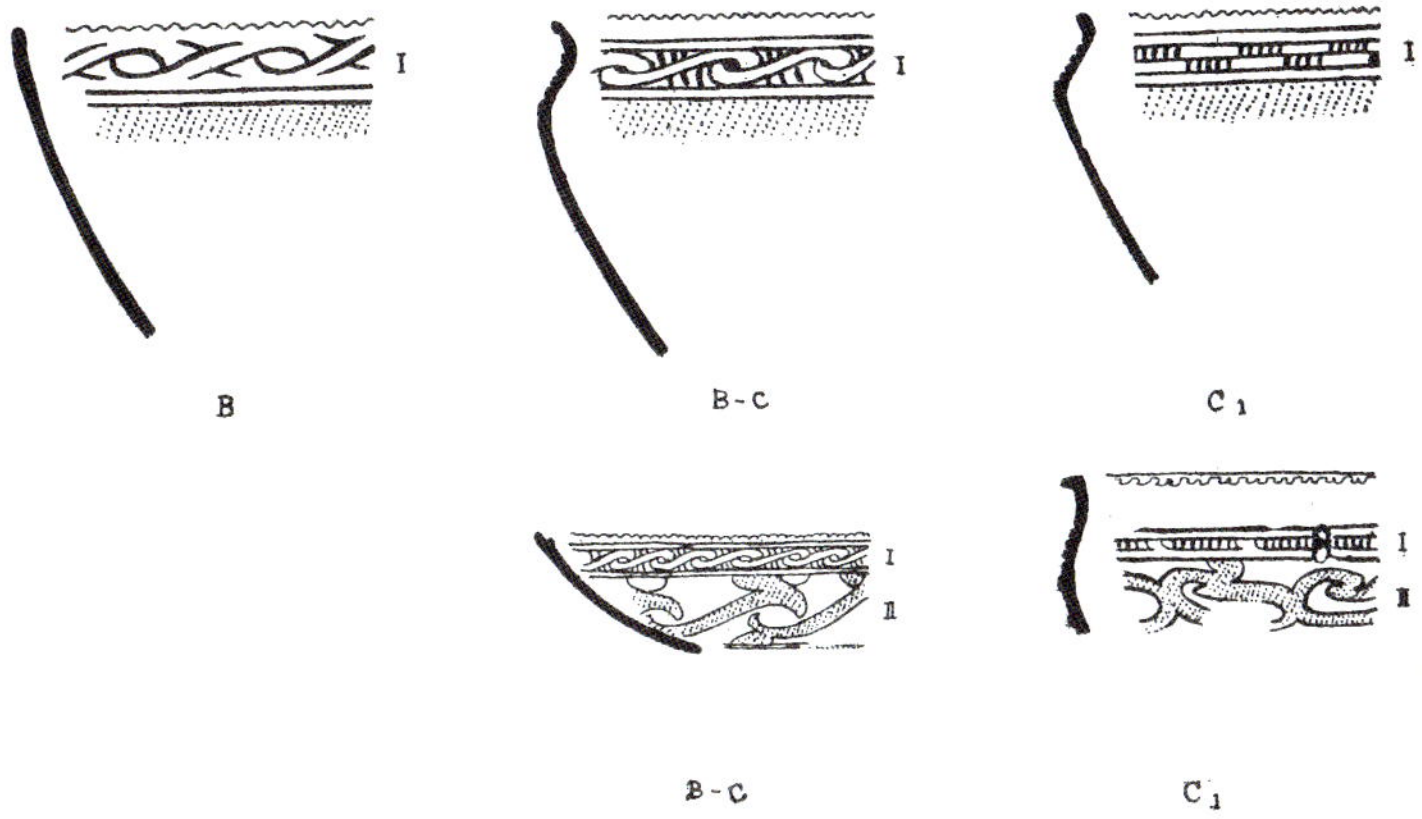

図109　山内清男「縄紋土器型式の細別と大別」『先史考古学』第1巻第1号、29-32頁、1937年
岩手県の大洞（おおほら）貝塚から出土した縄文晩期の土器の編年図。今日の縄文晩期土器編年の基準になっている。

うがよい。そこに、考古学と柳田民俗学の決定的な方向性の違いが示されている。

柳田の学問の出発点は、文学にある。和歌を詠み、新体詩をつくり、イプセン会を主催して田山花袋や島崎藤村、国木田独歩らと交友を深めたのが学生時代であった。その頃の和歌の師匠、松浦辰男（萩坪）は幽冥学という一種の神秘主義思想家であり、柳田の初期の作品である「幽冥談」は松浦に強い影響を受けている。幼少期の神秘的な体験から推し量ることのできる、柳田がもともともっていた資質が、その後の柳田の人格や学問を形作る基礎になった。

柳田はずっと、土器学として型式をひねくりまわす学問をなかば軽蔑していた。山内らのいわゆる編年学派は、まず編年によって議論の土台を整備する必要がある、と説いた。終生文学を基盤とした柳田は、小林行雄の記紀を参照枠とするような考古学は評価するが、山内学派のような土器の型式にこだわる考古学は即物的として遠ざけていたようだ。そうした傾向が、晩年の『海上の道』という考古学の側から批判を受ける立論にも大きく影響していたのではないだろうか。【設楽博己】

COLUMN

柳田國男と考古学者との交遊録—一九〇三〜一九四五年頃まで—

考古学嫌いと言われた柳田國男だが、一九〇三年（明治三六）には考古学会に入会し、明治後期にはサハリンで考古遺物を収集していたこと、柳田民俗学を確立していく中で考古学批判を展開するようになってからもさまざまな考古学者と交遊関係をもっていたことは、本書を通じて明らかとなった。では、どのような考古学者とかかわりをもっていたのか、時期ごとに整理してみたい。

●一九〇三〜一九一七年　研究の模索と考古学

柳田國男は、一九〇三年（明治三六）、坪井正五郎らの指導する考古学会に入会する。また集古会（遺物観察会）で山中共古と、報徳会（社会啓発団体）で喜田貞吉と知り合い、和田千吉の埴輪採集に同行するなど各地の遺跡を訪ねる。やがて、村の境界の祭壇、石神・塚についての山中・和田・喜田らとの議論を『石神問答』（一九一〇年）にまとめ、『考古学雑誌』に論文を投稿し、喜田の神籠石論争にも関与する。

しかし南方熊楠との文通により、考古学が、遺物や古墳を偏重し、村の生活史に無関心であることへの批判を強め、新たな学問分野の創出をめざす。一九一三年（大正二）、雑誌『郷土研究』を創刊し、八木奘三郎の竪穴住居研究への批判や、後に親交をもつ高橋健自の『考古学』（一九一三年）への評価等を通じて、非文字資料の分析眼を磨く。同誌には、京大の浜田耕作門下の梅原末治が多数論考を寄せる。生涯で最も考古学に接近したが、村の生活史を模索する中で、袂を別った時期といえる。

●一九一七〜一九四五年　人類学から一国民俗学へ

『郷土研究』休刊後、柳田は、南洋研究や渡欧経験を通じて、日本に国際水準の人類学を創る必要を痛感する。人文科学系の分野と連絡せず日本人類学の主流を独走する、京大の清野謙次・東北大の長谷部言人らの医学的な出土人骨研究や、文字記録を伴わない村の歴史（「有史以外」）を視野に入れない、鳥居龍蔵の『有史以前の日本』（一九一八年）ブームを批判し、一九二五年（大正一四）、雑誌『民族』を創刊して考古・人類・歴史学の交流を図る。京大の浜田耕作、清野謙次、梅原末治、金関丈夫のほか、鳥居龍蔵も盛んに寄稿するが誌上交流は難しく、一九三一年（昭和六）、浜田らと連携した「人類学・民族学講座」企画も頓挫する。

以後柳田は、民族の生活史に内面から迫る「一国民俗学」樹立に専念する。一九四三年（昭和一八）、金関丈夫による雑誌『民俗台湾』の座談会では、日本の各植民地の民俗学と本国の民俗学との連携を論じ、同年の柳田古稀記念会の発起人には、梅原と金関が加わる。歴史・人類学諸分野連携の挫折から、民俗学と考古・民族学との対抗的共存へと転換した時期といえる。

●一九四五〜一九六二年　登呂ブームへの批判から「海上の道」へ

戦後柳田は、登呂遺跡ブームが、地域の中近世史への関心を逸らすことを警戒する。江上波夫の騎馬民族説に反論する一方、貝塚茂樹『中国古代史学の発展』（一九四六年）の出土青銅器銘文から、殷王朝以前に、宝貝を求めて中国から沖縄に渡海した人びとを想定する。小林行雄の『日本考古学概説』（一九五一年）に感激するが、むしろ弥生文化に朝鮮半島の影響をみる同書の骨子に抗して、一九五二年（昭和二七）、日本人が稲作文化を携えて中国南部から南島経由で渡来した「海上の道」説を打ち出す。

以後樋口清之ら国学院大の考古学者や、金関丈夫・国分直一に協力を求め、稲作史研究会で和島誠一・杉原荘介・直良信夫らとも対談するが、考古学側からの賛同は得られず、次第に柳田は、考古学から離れていく。民俗学に依拠し、考古学に直接対決を試みた時期といえる。

一九六二年（昭和三七）、米寿記念会では、梅原末治が、五〇年来「優しく、きびしく導いて下さった」と祝辞を述べる。

以上、ごく簡単に考古学者との交遊を整理したが、柳田の研究人生の要衝には、常に考古学者の影があったのである。

【林　正之】

表6　柳田考古学者交友録

名前	人物	付き合い	年	出典
秋田考古会	1925年に発足した秋田県の地方史研究団体。顧問は東北大学の喜田貞吉。実際には文献史・民俗方面の研究が多かった。戦争の激化とともに活動を停止。	1927年、柳田は同会の年会を急遽訪問し、秋田県考古学の「創設者」菅江真澄の没後百年祭の開催を打診、翌年実現させる。背景には、地域の歴史研究団体の連携を模索する意図があった。	1927/5 1928/9/23	『秋田県史』考古編 『菅江真澄』
梅原末治 (1893-1983)	京大教授。浜田耕作に師事し、大正・昭和期を通して日本・朝鮮半島の発掘調査に従事。鏡や銅鐸など、青銅器の研究に業績を残す。	『郷土研究』に多数寄稿。柳田と浜田耕作らとの連絡にも努める。1944年の柳田古稀記念会の発起人の一人。62年、柳田米寿祝賀会では「まことに優しく、そしてきびしく導いてくださった」と祝辞を述べ、生涯にわたり親しく交際する。	1915 1944/10/8 1962	『柳田国男伝』 『民間伝承』9-4 『考古学雑誌』4-1
江上波夫 (1906-2002)	東大人類学教室在学中から、アジア各地の人類学・考古学調査で活躍。東アジアの宝貝流通の研究等を行う。1949年、岡正雄・八幡一郎との座談会で、日本での騎馬民族征服王朝説を提唱し、広く一般にセンセーションを巻き起こす。	騎馬民族説は、柳田の日本人起源観や王権観と相容れず、発表当初から一貫して否定される。他方、中国南海産の宝貝が、秦・漢帝国の伸長に伴い、宝物として中原とその周辺世界へと流通する過程を述べた江上の論文は「海上の道」着想の契機の一つとなる。	1955 1952 1932	『新論』1-5 『海上の道』人とズズダマ 『人類学雑誌』47-9
織田幾二郎 (1855-1939)	京都府久美浜の郵便局長で古物蒐集家。石器館を作り、久美浜の砂嘴で表採した石器を中心に展示する。	柳田が研究人生の初期に見知った考古家の一人。彼の石器館が、「潟に関する連想」で紹介される。	1909/11	『斯民』4-11
貝塚茂樹 (1904-1987)	京都大学教授。文献資料に基づく従来の中国古代史に対し、甲骨文字や出土青銅器銘文など、出土文字資料を活用した新たな研究法を提唱。春秋戦国期の中国思想史等にも多数の研究を残す。	1930年代、京大での柳田の講義を聴き、研究人生上重大な示唆を得る。出土殷周青銅器の宝貝賜与の銘文を紹介した著書『中国古代史学の発展』(1946) は、柳田に、宝貝の供給源として琉球列島を想起させ、「海上の道」の発端となる。	1949	『神々の誕生』冒頭謝辞 『郷土研究』7 (山梨郷土研究会)
金関丈夫 (1897-1983)	清野謙次の門下で専門は解剖学。戦中は台湾大学教授で、『民俗台湾』を編集。山口県土居ヶ浜貝塚等の出土人骨から、1955年、朝鮮半島からの集団渡来による弥生人成立を提唱。同年、弥生文化と併行する南島独自の農耕文化の存在を想定し、稲作の南方渡来説をも否定する。	柳田古稀記念会の発起人の一人。1943年、柳田を囲み『民俗台湾』の座談会を主宰し、台湾・朝鮮・満州と日本民俗学の連携を議論。1954年、柳田の依頼で沖縄県波照間島下田原貝塚を発掘するが、翌年、稲作南方渡来の否定や、朝鮮半島からの集団渡来による弥生人成立等、柳田を全面否定する説を発表。	1944/10/8 1943/10/17 1954	『民間伝承』9-4 『民俗台湾』3-12 『定本月報』18
喜田貞吉 (1871-1939)	文献史が専門だが、考古学方面でも活躍。神籠石をめぐり、八木奘三郎らと神籠石論争、八木と古墳の時代区分をめぐる論争、高橋健自との間に棺槨論争、縄文時代の終末時期をめぐり、山内清男との間にミネルヴァ論争を展開するなど、学史上重大な役割を果たす。日鮮同祖論を主唱。	神籠石論争では、柳田も石神研究の立場から、八木の神籠石＝山城説に対し、喜田の神域説に賛意を示す。柳田の「山人論」に注目し、歴史地理学会での「山人考」の講演を勧める。柳田は、朝鮮半島から日本社会への文化伝播を想定する論調に極めて慎重な立場を早くからとっており、喜田の日鮮同祖論を暗に拒絶する。	1917/11/18 1910	『山の人生』山人考 『歴史地理』16-4

名前	人物	付き合い	年	出典
清野謙次（1885-1955）	京大教授。各地の貝塚発掘で得た膨大な出土人骨の計測から、石器時代人は、日本人・アイヌの共通の祖で、隣接人種との混血により両者の差異が生じたと説く。グラフ・数式を多用した専門的論文を増発し、日本の人類学の主流を一変させる。アカデミズムでの考古・人類学の制度化に尽力。	1920年代、人文科学と自然科学の連携による、国際水準の総合的人類学確立を目指す柳田にとって、清野らの「体質人類学」の独走は、過度な専門化により相互協力を阻む動きとして危惧される。戦後は、日本人と稲作の南島起源を構想する中で、日本人に縄文以来の民族的連続を想定する清野説を再評価する。	1926/5/18 1951 1953/10/10	『青年と学問』Ethnologyとは何か 『民間伝承』16-5 『稲の日本史』上古代の米
小金井良精（1859-1944）	東大教授。日本の形質人類学の創始者。膨大なアイヌ人骨の計測データをもとに、石器時代人骨との比較から石器時代人＝アイヌ説を主張し、坪井のコロボックル説に抗する。	1926年、柳田が主宰する「アイヌの会」等で講演を行っている。	1926/4/17	寺田和夫『日本の人類学』 『定本年譜』
小林行雄（1911-1989）	京大教授。戦前は、弥生土器の全国的編年や、畿内の弥生土器の編年体系を確立。1951年、最先端の成果をもとに縄文・弥生・古墳時代を平易に叙述した概説書、『日本考古学概説』を著す。戦後は、同笵鏡の分有関係から、大和王権の地方支配過程を明らかにするなど、古墳研究を牽引。	著書『日本考古学概説』を柳田に呈上。柳田は日本民俗学会談話会での書評で、考古学の進歩を認め、民俗学との協力の必要を説くが、弥生文化に朝鮮半島の強い影響を説く、同書の論旨の根幹にはあえて触れなかった。なお同書は、古墳を作らない階層について、柳田の両墓制研究を引用しつつ言及している。	1952/3/9	『論争』4-9（谷川健一「『海上の道』と天才の死」） 『民間伝承』16-5
高橋健自（1871-1929）	東京帝室博物館に勤務。銅矛・銅剣等、遺物研究の大綱を樹立。埴輪等の出土遺物による古代服飾研究にも業績を残した。総合的概説書として評価の高い『考古学』(1913）を著す。奈良県史蹟勝地調査会で発掘調査に従事。	柳田は、『郷土研究』誌上で、高橋の著書『考古学』を紹介し、「実地実際」を重視する姿勢を絶賛。『鏡と剣と玉』も高く評価する。柳田の研究組織と直接の交流があり、高橋が行った大和の地名についての談話は、柳田に強い印象を残す。	1913 1942	『郷土研究』1-7、2-4 『奈良叢記』和州地名談
坪井正五郎（1863-1913）	東大教授。1884年、人類学会を結成し、93年東大理学部人類学教室を創立して、日本の人類学の基礎を作る。考古学方面では、アイヌに先行するコロボックルを日本先住民と想定し、先住民をアイヌとする通説と論争。足利古墳群・吉見百穴・芝丸山古墳の発掘・保存整備にも尽力する。	柳田に、フレイザー等の英国人類学を教授し、南方熊楠を紹介する等、人類学の最大の師となる。ただし柳田は、吉見百穴（埼玉県）や芝丸山古墳（東京都）等については坪井と相反する見解を示し、アイヌ・コロボックル論争にも冷淡で、考古学方面における坪井の仕事からは距離を置く。	1911 1912 1918	『故郷七十年』南方熊楠先生 『青年と学問』Ethnologyとは何か 『斯民』6-10～12、7-1～2 『郷土史論』村を観んとする人の為に
鳥居龍蔵（1870-1953）	坪井正五郎に師事し、アジア各地で発掘・民族調査に従事。国学院大、上智大教授。縄文土器製作者のアイヌに代わって、朝鮮半島から渡来した弥生土器製作者を、現日本人の祖先の中核を成す「固有日本人」とする民族起源論を確立した著書『有史以前の日本』(1918）はベストセラーとなる。	柳田は、研究人生の初期から講演を聴講したり、海外の塚の民族誌を引用するなど、その研究に大きな関心を寄せる。彼の著書でブームとなった「有史以前」に対しては、近現代に至るまで続く、文字記録を伴わない人々の生活史を見落とすものとして反発。自身の研究すべき対象を「有史以外」と位置付ける。	1912 1913 1928	『斯民』6-10～12、7-1～2 『郷土研究』1-5、1-8 『雪国の春』樺皮の由来 『国史と民俗学』

名前	人物	付き合い	年	出典
長谷部言人 (1882-1969)	東北大教授。1917年、縄文・弥生人の併存と、その混合形態の二系統の地域差を説く。東大教授となり、1939年、理学部に日本初の人類学科を創設。人文・自然科学が連携した研究体制を目指す。戦後、中国南部由来の石器時代人の小進化による現日本人の形成を提唱。	1920年代、柳田は長谷部を、清野と並ぶ「体質人類学」の牽引者と見做す。柳田と直接の交流があり、東北地方出土の子安貝について、柳田に情報を提供したことがある。	1926/5/18 1957	『青年と学問』Ethnologyとは何か 『民俗学について』日本文化の伝統について
浜田耕作 (1881-1938)	号は青陵。京大教授。1916年、京大に日本初の考古学講座を開講。モンテリウスの型式学の紹介や宮崎県西都原古墳群・大阪府国府遺跡の調査にあたる。考古・人類・歴史学の議論の場となる『ドルメン』誌創刊にも尽力する。	柳田は、九州の装飾古墳や大阪府国府遺跡の調査で、その活躍を早くから認知する。柳田による考古・人類・歴史学の誌上交流の試みに、清野謙次らを誘って協力し、1925年創刊の雑誌『民族』には、多数の論文を寄稿する。	1918 1925	『郷土史論』村を観んとする人の為に 『民族』2-2
樋口清之 (1909-1997)	国学院大教授。登呂遺跡の調査等で活躍。後に、『梅干と日本刀』など、一般向け歴史啓蒙書を多数執筆した。	柳田の晩年、イネの植物遺体や種実圧痕の情報を提供するなど、稲作の研究に考古学方面から協力する。	1952/6/26 1952/9/20	『稲の日本史』上 コモン・インタレストとしての稲、稲と言語
三宅米吉 (1860-1929)	東京文理科大学長・帝室博物館総長。考古学会の創設者。『日本史学提要』1編は、欧米の近代歴史学の思想を日本史学に導入し、歴史学・考古学に大きな刺激を与えた。	1929年刊『三宅米吉先生古稀記念論文集』に「聟入考」を執筆するなど、考古学会で活動していた時以来、何らかの付き合いがあったと見られる。	1929	『婚姻の話』聟入考
八木奘三郎 (1866-1942)	台湾総督府、朝鮮李王職博物館、満鉄等に勤務。集古会創始者の一人。古墳時代の時代区分を初めて行い、欧米の時代区分を日本に適用して『日本考古学』を著す。縄文・弥生土器の層位的出土を確認したほか、古墳の時代区分・神籠石をめぐり喜田貞吉と論戦する。	柳田は、神籠石論争では、石神研究の観点から、八木の神籠石＝山城説ではなく、喜田の神域説に近い立場に立つ。また、竪穴住居が日本で断絶した要因を、気候の温暖化に求める八木の論考に対し、温暖化の証拠として、神武東征譚や、六月の降雪の伝説を引用した点を厳しく批判する。	1915 1915	『人類学雑誌』30-4 『郷土研究』3-4
山中笑 (1850-1928)	日本メソジスト派教会牧師。考古資料の蒐集に熱心で、集古会などの幹部を務める。江戸期の学問の伝統に根ざしつつ、欧米人類学にも通じた在野の研究者として活躍。	集古会で懇意になるが、柳田は、同会の古物蒐集趣味には違和感を覚える。『石神問答』(1910)では、石神・シャクジをめぐる信仰・慣習全般の教示を得る。	1910	『故郷七十年』竜土会のころ 『石神問答』
和島誠一 (1909-1971)	渡辺義通らとともに、マルクス主義に基づき、考古学・文献史学の共同による原始・古代研究を模索し、1936年『日本歴史教程』を刊行。1938年、東京都志村遺跡の古墳時代集落を発掘し、考古学による集落研究の方向性を示す。戦後、日本原始・古代集落の構造の歴史的分析を牽引。	1938年、和島による東京都志村遺跡の古墳時代集落発掘を記録した映画は、当時、学術資料としての映像に関心を持っていた柳田から、「同時代の集落状態に対する立派な資料」として注目される。1959年の稲作史研究会座談会では、丸木舟の起源や遺跡破壊等について柳田と対談する。	1939 1959/9/2	『文化映画研究』2-5 『民俗学について』島の話
和田千吉 (1871-1945)	東京帝室博物館に勤務。蒐集・陳列業務の傍ら、考古学会の雑誌、『考古』『考古界』の編集・執筆にも尽力し、古墳・経塚の研究等に業績を残す。	研究人生の初期、特に親しく、大日塚古墳（栃木県真岡市）での人物埴輪の表採に同行して、埴輪の輸送や接合に協力する。『石神問答』では、塚の名称の意味や発掘例について教示を得る。	1910/5/29 1910	『読売新聞』 『石神問答』

柳田國男と南方熊楠との交流——民俗学の自覚

柳田國男の学問形成の過程において、南方熊楠《みなかたくまぐす》との交流がいかなる意味をもつか。

この問いは、すっきりとは論じにくい複層性をもつ。そもそもこれまでの研究が描き出している二人の学問の特質の対比にも多様なずれと重なりとがあり、さまざまな位相があるからである。たとえば、ある論者は南方熊楠の自由奔放な比較博覧と柳田國男の一国限定の方法意識とを対比し、地球規模の比較志向と民俗学の郷土志向とのちがいに光をあてて、その異質性をきわだたせようとしている。またある論者は文体のちがいに注目し、脱線の多い南方の随筆の「曼荼羅」的な拡がりと、連想をつなげ拡げながら新しい問題提起に回収していく柳田の抑制された文章とを対比して、その個性のちがいを説く。もっとも南方の英文は理路整然として格調高いとの評価もあり、日本語の印象だけでの位置づけは不十分かもしれない。あるいは男色を含め性の話題をタブーとせず戯虐を交えて長々と論ずる南方の独創的な著者性に対して、ときに禁欲の苦言を述べた柳田には多様な著者や読者をまきこむ運動として雑誌を維持する立場の編集者性がみられることに注

図110　南方熊楠：これは「明治24年7月30日 フロリダ州ジャクソンヴィルで撮影して友人たちに贈った写真」（『南方熊楠アルバム〈新装版〉』八坂書房、2004年）だという。

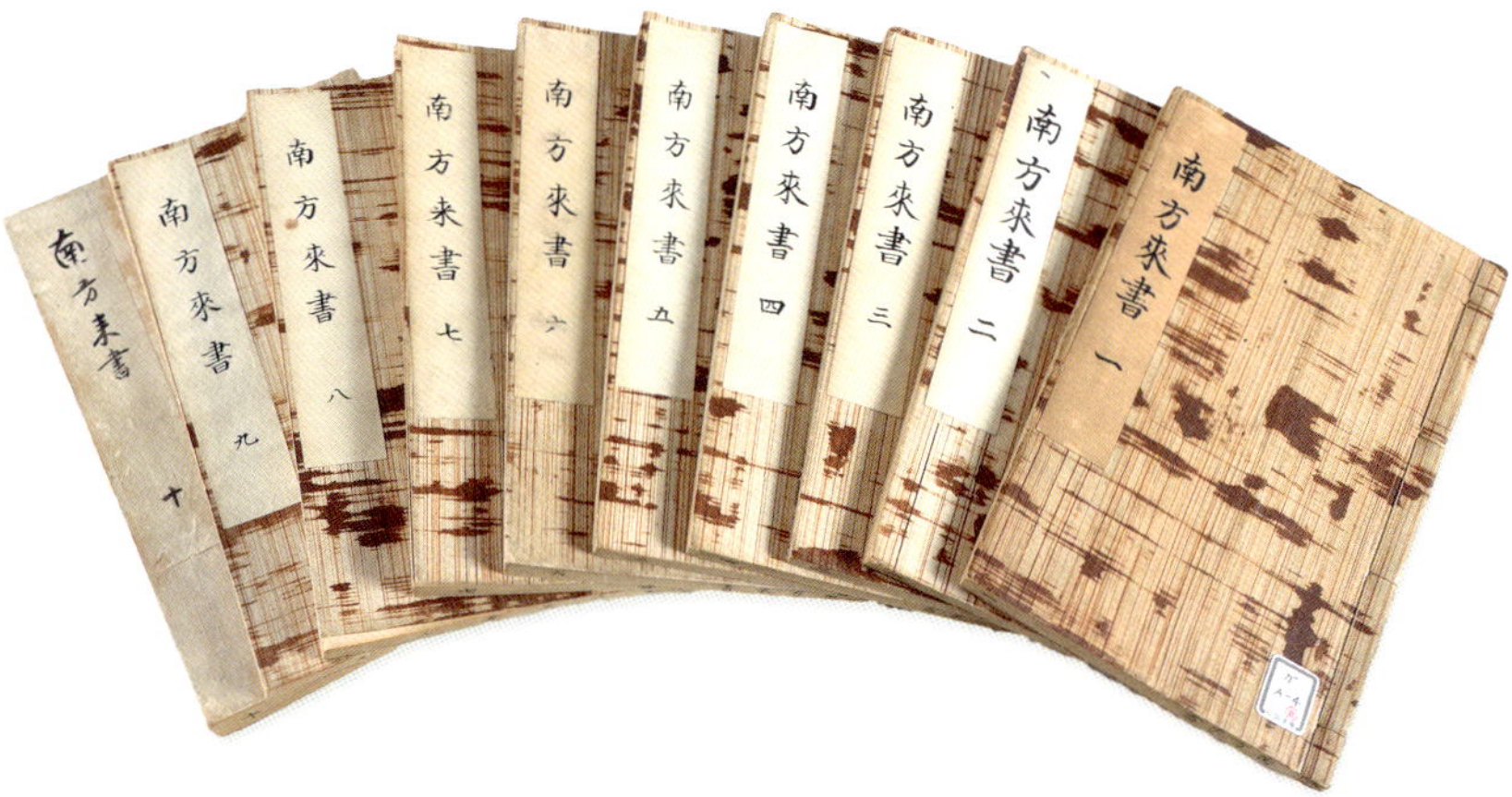

図111　『南方来書』全10冊：柳田國男宛ての南方熊楠書簡の写本で、柳田は「私は二年近い間の手紙を半紙に写して「南方来書」と名づけて幾冊かの本にしておいた」（『故郷七十年』）と述べている。明治44年3月21日付から大正2年4月22日付までの書簡が浄書されている。

目する観点もある。柳田の神道への深い関心と、南方の大乗仏教への真剣な共鳴なども、差異を考えるうえで無視できない。その一方で神社合祀反対の運動における協働をはじめ、ジャンルをはみ出す博覧強記の迫力、学問運動における問答形式の重視、愛国者としての自負など、共通する要素も指摘されている。この二つの強烈な個性のあいだの「研究すること」をめぐる交流に、単純に図式化しにくい奥行きがあることは無視できない。

柳田國男と南方熊楠の交流は、樺太への旅行から五年後、『遠野物語』刊行からほぼ一年後の、一九一一年（明治四四）三月の柳田の書簡から始まった。南方のオコゼに関する論文の感想を添えつつ、柳田は今取り組んでいる山人研究への協力を依頼している。以後短期間にもかかわらず膨大な量の書簡がやりとりされた。中央官界に職をもつ柳田との交流は、神社合祀政策への反対行動をしていた南方にしても得がたい援軍であった。往復書簡として公開されているだけでも、柳田からの七四通と南方からの九七通で、その長さや密度も尋常の一通の手紙

図112　『南方二書』：この明治44年8月の南方熊楠書簡二通は、松村任三（東京帝国大学理科大学教授・植物学）宛てに書かれたもので、「一覧を経て」先方に廻してほしいと柳田國男に託された。柳田は「南方氏ノ手紙ハ文字最モ晦渋ヲ極ムルガ故ニ諸先生閲読ノ煩労ヲ省カン為独断ヲ以テ之ヲ印刷ニ付シ謄写ニ代ヘ同氏ノ所謂宿縁ヲ果スモノナリ」（同書奥書）と50部ほどを秀英舎に印刷させ、「自分の知れる限りのやや気概のある徒に見せることにいたし候」［明治44年9月15日書簡］と南方の運動を支援した。

の域を超えた論文というべき水準のものを多く含む。柳田が私費で印刷に回して識者たちに配った『南方二書』も、この手紙のひとつである。

こうした書簡が二人の碩学の関係を論ずる基礎資料であることは疑えないが、文字面にあらわれた応酬は共鳴にしても対立にしても複雑である。ここでは柳田國男旧蔵考古資料に関連する三つの観点からのみ、この交流を論じてみたい。ひとつは考古学との関係、もうひとつは山人論の位相、最後に民俗学もしくは郷土研究との関係である。

●考古学との関係

まず二人の考古学会との関係を見ておこう。柳田は一九一〇年（明治四三）一二月の「十三塚」の寄稿を手はじめに、三年間くらいのあいだに五本の論考を『考古学雑誌』に書き、一九一一年（明治四四）には評議員もつとめ、一時期積極的に関与した。柳田は南方に対して、自分はこれから『考古学雑誌』にだんだん書きたいと思っているが、南方にも「もしいまだ御入会せられず候わばぜひ御加入下されたく候」［明治四四年四月三〇日書簡］と誘い、重ねて「『考古学雑誌』は名ばかり立派にて材料乏しく候ゆえ、ぜひ御論文を載せたく会長幹事希望いたし候」［同年六月二一日書簡］と申し出ている。これに対し、南方は「学会に入るのと学位を受けること大嫌いで、学校もそれがため止め申し候」〔同年六月二五日書簡〕と断った。ただ入会はしなかったものの、雑誌には寄稿して協力してもいる。南方の「猫一疋の力に憑つて大富となりし人の話」は最終的には『太陽』に載ることになるが、書簡では「考古学会」の機関誌のほうに回してもかまわないと柳田に判断を委ねている〔同年一〇月二五日書簡〕。南方の考古学会に対する距離感には、神社合祀反対運動の地元での事情もからんでいたらしい。すなわち「当郡で考古学会員たり、またかの会の雑誌読む者は、いずれも神職連で、年来合祀のことで小生に痛められおるゆえ、何がな報復せんと慮ること止まず」〔大正三年五月一九日書簡〕というような状況も影を落としていたと思われる。

ただ南方もまた自ら里俗学とか里伝学と呼ぶフォークロアの学会が、日本でもうまく組織されるならば、「考古学会や人類学会は乾燥無味の土器や古器の図録のようなものにひあがり」〔明治四五年二月一一日書簡〕などとも述べていて、柳田とおなじく信仰や言語が媒介する精神世界の表象を重視していたようである。

●山人論の位相

もうひとつの論点が、山人山男山女という主題をめぐるものである。その意味で交流の始まりが、山神とオコゼに関する南方の論文であったことは象徴的である。柳田は「蛮民ことにアイヌがことごとく北海に退却せりとは認めがたきため、その子孫はいかになりしか」〔明治四四年六月一四日書簡〕という関心から、「山人はこの島国に昔繁栄していた先住民の子孫である」

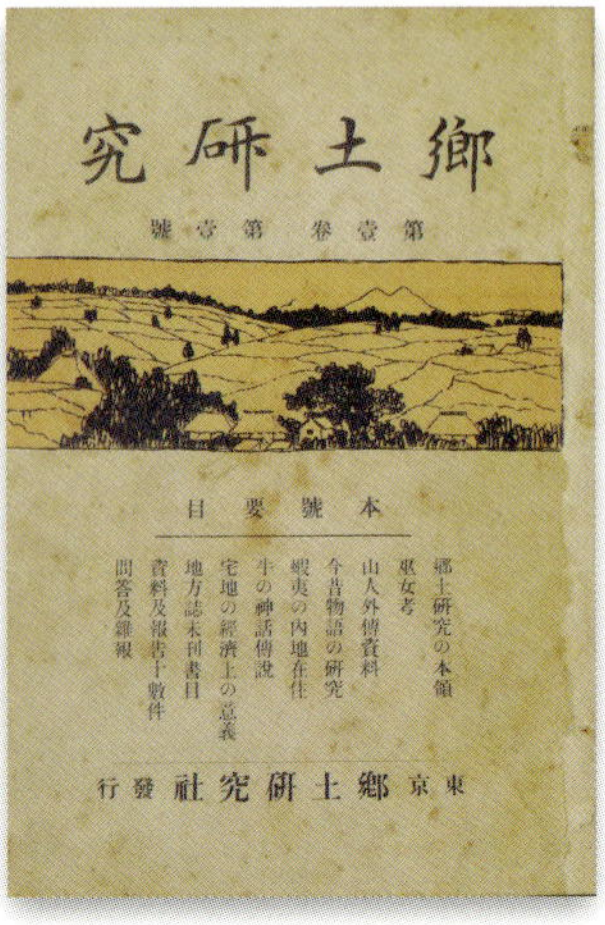

図113　雑誌『郷土研究』：1913年3月に創刊され1917年3月に一時休刊するまでの4年間、柳田が編集の任にあたり、また多数の筆名で寄稿している。

〔『郷土研究』第一巻第一号、大正二年三月〕と位置づけ、その痕跡が一群の話の中にきざみこまれていると考えていた。とりわけ、『遠野物語』にもその一端があらわれている、神隠しや山中の怪異などの話題を、歴史から忘れ去られた彼ら先住の民という存在との接点に由来するものではないかと関連づけていた。『郷土研究』に連載した「山人外伝史料（山男山女山丈山姥山童山姫の話）」〔大正二年三月〜九月および大正六年二月〕は、その中心となる論考である。

これに対して、南方は諸書に散在する山男・山姥・山童の記録を博捜して柳田に示しつつも、しかし今の人びとが山人なりと信じて語っているものの多くは「ただ特種の事情よりやむを得ず山に住み、いたって時勢おくれのくらしをなし、世間に遠ざかりおる」男や女にすぎないと論じた〔大正五年一二月二三日書簡〕。後年の沖浦和光らのサンカ近世難民説〔『幻の漂泊民サンカ』二〇〇一年〕などを考えあわせると、南方の直観のほうが的確であったともいえる。

南方熊楠の異論を重視し、柳田國男の山人論の挫折と民俗学の成立とを図式化して論じたのは谷川健一であった。谷川は初期柳田における「山人＝先住民＝非日本人」対「常民＝平地人＝日本人」という二項対立を設定し、『後狩詞記』『遠野物語』に始まる山への興味と同情とが、『山の人生』へと移行する中で変質したと論ずる。すなわち「山人＝先住民の主張を目立たぬようになしくずしに」して、日本社会を「異質の複合文化としてみる視点を捨てた」〔谷川健一『古代史と民俗学』一九七七：一三二頁〕と説く。たしかに「山人」を先住民の子孫の実在と結びつける仮説を表舞台から撤収し、論点として封印したことまでは柳田の諸著作論考から指摘できるが、それが日本文化の複合性の否定や、民俗学の成立に直接に結びつくという理解はすこし過剰な図式化のように思う。

じっさい当時の柳田にしても、山人は「先住民の敗残して山に入りし者の子孫」であるという説が「十分なる証拠論拠」までを示せた立論ではなく、「仮定説の毀れることを学問の進兆と考えおり候」と自覚し、そうした実在の子孫たちとはまったく関連のない「誇張誤解による浮説」〔大正五年一二月二七日書簡〕もまた、各地にあらわれた山人の話の中に混じり込んでいることを認めている。

●民俗学もしくは郷土研究との関係

むしろそうした仮説の当否以上に当時の往復書簡において注目すべきは、郷土研究という学問領域と、雑誌『郷土研究』の存在意義をめぐる論争である。

具体的には、自分の雑誌の進め方についても意見があろうから十二分に聞かせてほしいという柳田の文言〔大正三年四月一六日書簡〕に対して、大正三年五月一四日付の南方書簡が出された。これは「『郷土研究』の記者に与うる書」として『郷土研究』第二巻第五号から第七号に分割掲載され、その批判に対し柳田は「南方氏の書簡について」という答弁を記者名で載せた。民

図114　『南方随筆』（岡書院、1926年）：「附録」に「「郷土研究」の記者に与ふる書」を収める。

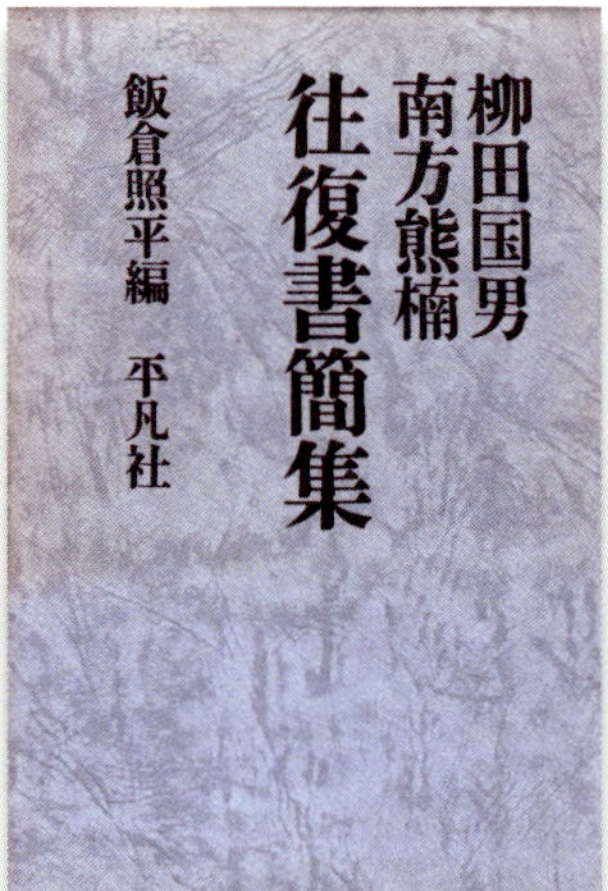

図115　『柳田國男・南方熊楠往復書簡集』（飯倉照平編、平凡社、1976年）

俗学の形成という観点からしてもっとも重要なのは、メディアとしての雑誌の性格の理解のちがいである。南方が「ルーラル・エコノミー」の理念にふさわしい専門的な内容にこだわったのに対して、柳田は広場としての雑誌の効用を重視した。それはまだ民俗学が、初発の形成運動の段階にあることを自覚していたからである。

しかし、この南方の異論をきっかけに、柳田自身が教科書的な機能をもつ『郷土誌論』〔一九二二年〕に収録されていく論考を、『郷土研究』に連載しはじめるのは偶然の符合ではない。さらに往復書簡で指摘された雑誌広告も大きくその内容を変えるなど、南方との交流はまだ揺籃期にあった民俗学の特質を自覚させていく役割を果たしたのである〔佐藤健二『柳田国男の歴史社会学』二〇一五：二六五―二七三頁〕。

【佐藤健二】

山人論から稲作民俗論へ

日本列島に住む多数派の人びとの生活を、稲作をキーワードに明らかにしてきた印象の強い柳田國男であるが、民俗学の黎明期、すなわち民俗学の発想を得、その方法を模索していた時代には、その関心の中心は山に住む人びとにあった。南方熊楠に宛てた手紙にあるように、柳田は山に生きる人びとを「現在も稀々日本に生息する原始人種なるべし」とした。古くは、この列島には別の民族が住んでおり現在日本に住む大多数の人びとが到来して以降、ある者は滅び、ある者は混血し、またある者は山地に逃げのびた。新民族に追われて山棲みを余儀なくされたこの先住民族が山人だ、というのである。

柳田の目を山に向けさせたのは、一九〇八年（明治四一）の九州への講演旅行の際に立ち寄った宮崎県椎葉村での経験である。柳田は九州の深い山間で

図116　宮崎県椎葉村：椎葉村に残る狩猟伝承が柳田に先住民族の末としての山人の存在を確信させた。

営まれる古式に則った狩猟の習俗に感銘を受け、翌一九〇九年（明治四二）に『後狩詞記《のちのかりことばのき》』を刊行する。また、一九一〇年（明治四三）に私家版として刊行された『遠野物語』に収められた一一九話の民譚《みんたん》は九州旅行の直後に遠野出身の学生、佐々木喜善から聞き取ったものである。

　これらの著作の中で柳田がみつめていたものとは何か。近年では、柳田は『遠野物語』の話の中に、人びとを拘束する、克服すべき前近代的な思考を見いだしていたとする議論もあるが、ここでは実在としての山人であり、山棲みの実際の生活であったとしておきたい。柳田は古式ゆかしい椎葉の狩猟伝承の中に、そして遠野で語られる「現在の事実」としての天狗や山男、そして山姥の話の中に、山人の実在を確信したのである。つまり、当時の柳田が探し求めていたのは山人の実在の証であった。南方熊楠《みなかたくまぐす》が一九一一年（明治四四）『東京人類学会雑誌』第二九九号に「山神オコゼ魚を好むということ」を発表

図117　遠野盆地：『遠野物語』には、遠野を囲む山々を舞台とした話も収められている。

したことを契機として始まった柳田と南方の文通では、柳田はしきりに「山男に関する記事」の提供を求めている。しかし、「丸裸に松脂をぬり、鬚毛一面に生じ、言語も通ぜず、生食を事とする」という山男（山人）を想像上の生き物とする南方のイメージとはかみ合わない。そして柳田はとうとう南方に柳田の言うようなものが山男ならば、「小生なども毎度山男なりしこともあり」と言わしめてしまうのである。

結局、山人の存在を証明しようとする試みは成功せず、柳田は実在としての山人の追究から離れていく。その理由を、柳田が確固たる資料を獲得できなかったことに求めることもできるが、柳田自身の関心の変化を見逃すことはできない。永池健二氏の表現を借りれば、柳田は「山の神秘や怪異現象を里人の〝山〟に対する信仰の問題として人びとの心的体験の中で捉えていこうとする志向」を獲得したのである。つまり、柳田は山人の存在を、山人譚を語る

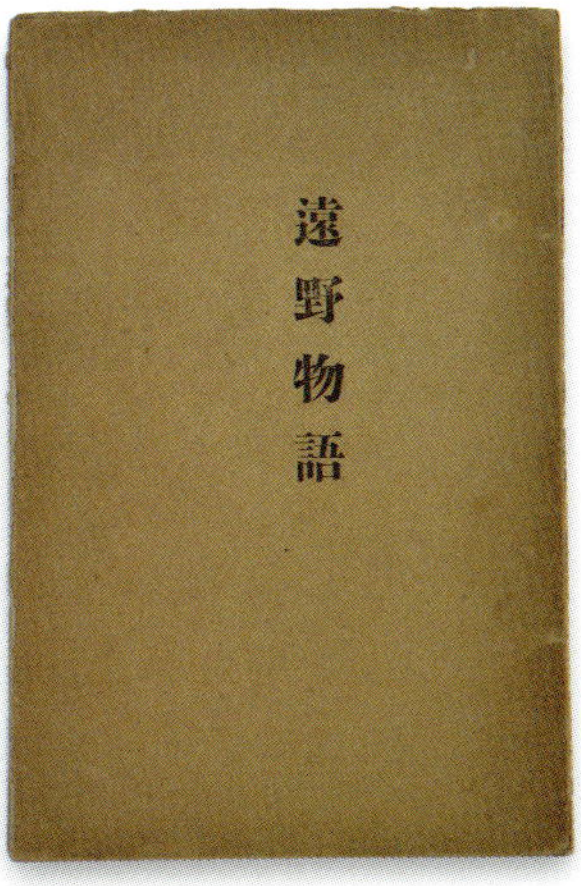

図118　『遠野物語』1910年（明治43）：柳田は遠い過去の昔話ではなく「目前の出来事」「現在の事実」であることを強調している。

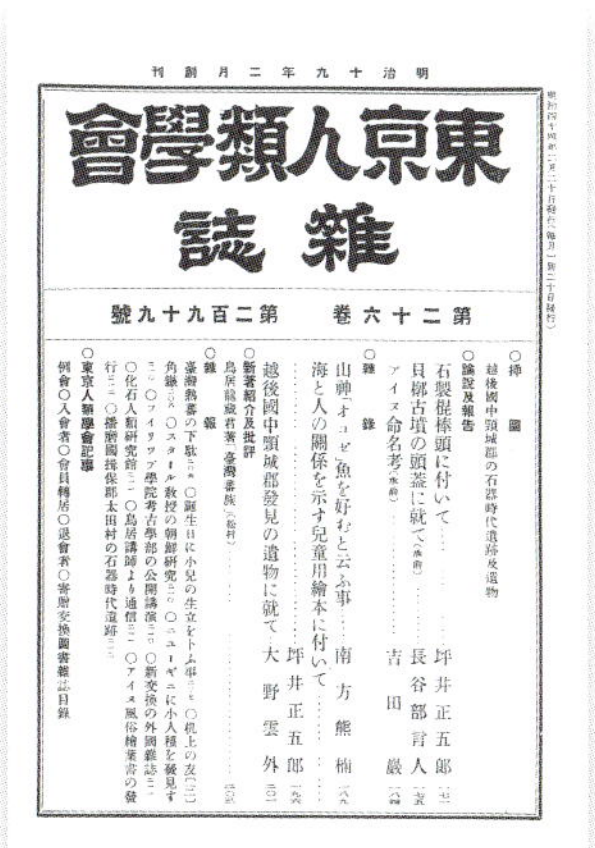
明治十九年二月創刊

東京人類學會雜誌

第二十六巻　第二百九十九號

○挿圖
越後國中頸城郡の石器時代遺跡及遺物
○論説及報告
石製棍棒頭に付いて……坪井正五郎
貝塚古墳の頭蓋に就て（承前）……長谷部言人
アイヌ命名考（承前）……吉田巖
○雜錄
山神「オコゼ」魚を好むと云ふ事……南方熊楠
海と人の關係を示す兒童用繪本に付いて……坪井正五郎
越後國中頸城郡發見の遺物に就て……大野雲外
○新著紹介及批評
鳥居龍藏君著「臺灣蕃族」（松村）
○雜報
臺灣熟蕃の下駄○誕生日に小兒の生立をトふ事○机上の友○角鏃○スタール教授の朝鮮研究○ニューギニに小人種を發見す○フイリツプ學院考古學部の公開講演○新交換の外國雜誌○化石人類研究館○鳥居講師より通信○アイヌ風俗繪葉書の發行○播磨國揖保郡太田村の石器時代遺跡
○東京人類學會記事
例會○入會者○會員轉居○退會者○寄贈交換圖書雜誌目錄

図119　『東京人類学会雑誌』299号、1911年（明治44）：柳田は前年に東京人類学会に入会している。

人びとの心の中に見いだしたのである。

　そして、この発見が、柳田が確立することになる民俗学的視点の根幹となる。すなわち、一九三四年（昭和九）の『民間伝承論』における「生活諸相」「言語芸術」「心意現象」という民俗事象の三部分類は、私たちの日常の表面にあらわれるさまざまな現象の背後に、山人と里人との関係に見いだしたような、そこに生きる人の「心意」が存在するということの発見なくしては提示され得なかったのである。

図120　『先祖の話』：日本人の家の観念と霊魂観、他界観、先祖観、神観念等について論じている。

　その後、柳田の関心は、田植えに先立って行われる物忌みや田の神を迎える奉仕者としての早乙女といった稲作にともなう儀礼や祭祀へと向けられる。そして、太平洋戦争敗戦間際に執筆された『先祖の話』（一九四六年〈昭和二一〉）では、春に来訪する年神が、もとは春秋に去来する田の神・山の神であり、この農家の守護神こそが先祖の霊であるという仮説に到達するのである。

　一見、挫折ともとらえられる柳田の山人論は、平地で稲作を営む人びとを中心としたその後の民俗学への胎動だったと考えることができるであろう。

【松田睦彦】

文学との決別が柳田民俗学を生んだのか──柳田の思想の文学性

うたて此世は　をくらきに
何しにわれは　さめつらむ
いざ今いちど　かへらばや
美くしかりし　ゆめの世に

（「夕ぐれに眠のさめたるとき」一八九五年〔明治二八〕）

母なき君をあはれとて
なきつる我もつひにまた
はゝなき人となりにけり
あはれと君はおぼすべし
今よりのちは露の身の
悲しくつらくある毎に
かたるも聞くも君ならで
誰かはあらむ広き世に

（「露子に」一八九六年〔明治二九〕）

図121　1897年頃の柳田國男

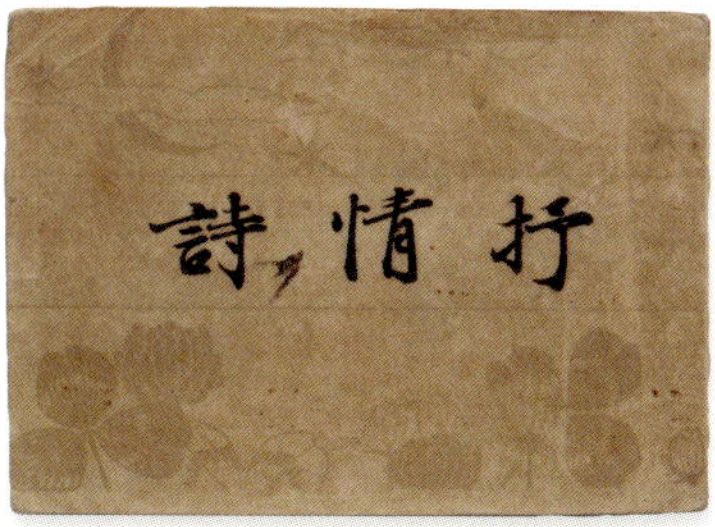

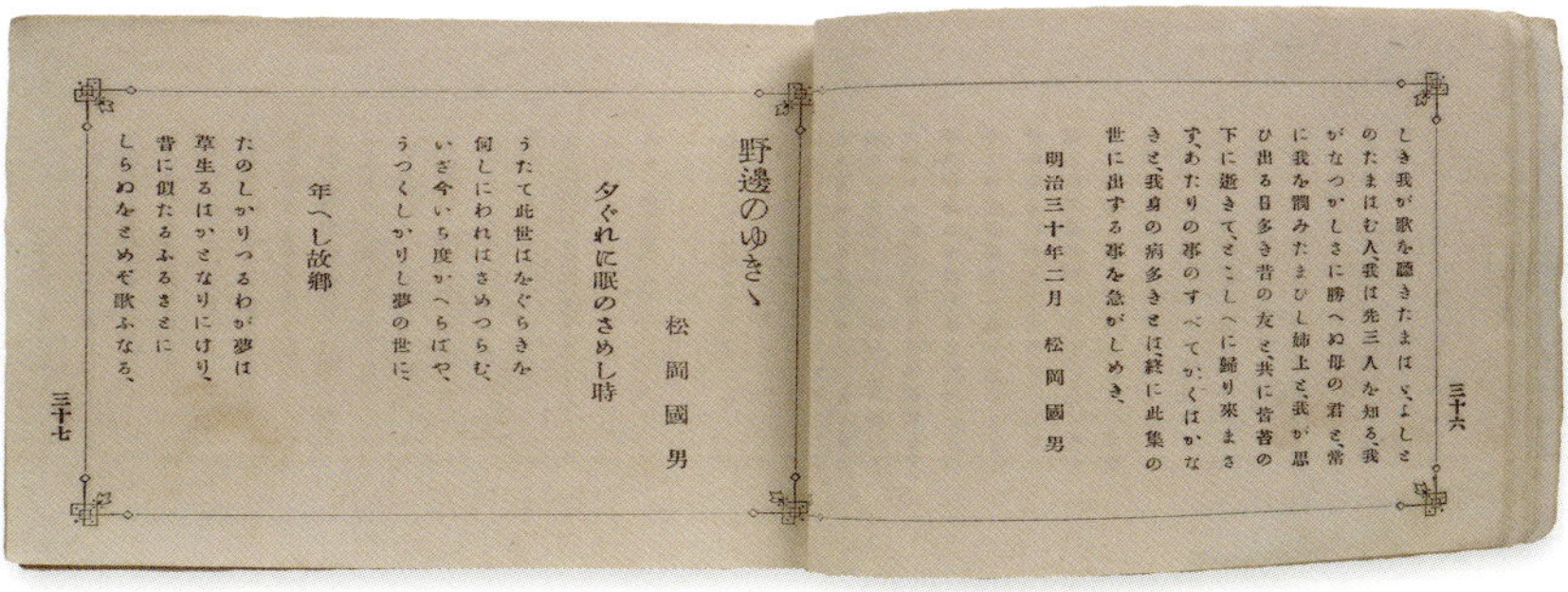

しき我が歌を聽きたまはゞよしと
のたまはむ人、我は先三人を知る、我
がなつかしさに勝へぬ母の君と、常
に我を憫みたまひし姉上と、我が思
ひ出る日多き昔の友と、共に[illegible]の
下に逝きて、とこしへに歸り來まさ
ず、あたりの事のすべてかくはかな
きと、我身の病多きとは、終に此集の
世に出する事を急がしめき、

明治三十年二月　松岡國男

三十六

野邊のゆきゝ

松岡國男

夕ぐれに眠のさめし時

うたて此世はをぐらきを
何しにわれはさめつらむ、
いざ今いち度かへらばや、
うつくしかりし夢の世に、

年へし故郷

たのしかりつるわが夢は
草生るはかとなりにけり、
昔に似たるふるさとに
しらぬをとめぞ歌ふなる、

三十七

図122　詩集『抒情詩』：1897年刊行。当時松岡姓であった柳田は美しく恋愛をうたいあげた作品を載せている。

図123　『抒情詩』の詩人たち：1897年頃。前列左から太田玉茗、宮崎湖処子、国木田独歩。後列左から國男、田山花袋。

●詩人松岡國男

柳田國男が農政官僚であったことに対して、こうした詩を書く新体詩人でもあったことはあまり知られていないかもしれない。農政学から民俗学への転向が「なぜ農民は貧しいのか」といった現実の社会に対する憤りとそれに対する学問的な解決の模索として理解しやすいのに対して、詩作と学問との間には大きな懸隔があるようにも思われるだろう。また、詩人として活躍したのは柳田家に養子に入る前であり、松岡姓を名乗っていたことも関連づけて理解することを妨げているかもしれない。

柳田の詩作は明治三〇年代には止み、文学者たちとの交流は若干の例外を除き、明治の末頃には微弱になっていった。柳田自身も生前に企画された『定本柳田國男集』には青春時代の詩作の収録を強く拒んだことで知られており、柳田民俗学と明治の新体詩人、松岡國男とは峻別されることが多かった。したがって文学との決別が柳田民俗学を生んだと解されることも当然のように思われる。しかし、民俗学の黎明を告げる『遠野物語』（一九一〇年）から晩年の『海上の道』（一九六一年）に至る数多くの著作の根底には柳田の詩精神が流れているのであり、彼の学問的営為や思想の表現手段に極めて個性的な文学性が見いだせることは、その文章と直接、向き合った人であれば誰でも感じることであろう。

●柳田民俗学の特徴

柳田の民俗学の特徴は民俗文化の中でもその精神性への強い志向であり、また言葉を媒介と

図124　島崎藤村：新体詩人として出発し、のちに『破戒』などで自然主義に転じていった。

した民俗事象の把握という方法であった。これらは、詩人として出発し、近代文学、とくにのちに自然主義文学の担い手となる人びととともに青春を送ったことと無縁ではない。またキリスト教以前の神々の存在とその行方を描いたハイネの『諸神流竄記（流刑の神々）』への注目などからうかがえるように、柳田民俗学のアイデアには西洋の文学世界が強く影響を与えていたものと推察される。一般に日本の民俗文化の固有性を重視し、安易な人類学へのすり寄りには懐疑的であったとされる柳田の学問であるが、ヨーロッパの民俗学や説話研究の動向には十分な注意をはらっており、そのことは、現在、成城大学民俗学研究所に収められている柳田の蔵書からもうかがうことができる。こうした柳田民俗学を支えた西洋文化への開眼は、若き日の文学経験や創作を志向する人びととの交流の中にあったことを忘れてはならないだろう。

青年時代の柳田が愛知県伊良湖岬で実見した椰子の実の漂着を島崎藤村に話してきかせ、藤村が「椰子の実」という詩に仕上げたというエピソードはよく知られている。そして、そうした椰子の実に象徴される黒潮の役割を民俗学的に突き詰めていったのが柳田最晩年の著作『海上の道』であったことは、詩と決別した柳田が全く別の壮大な「詩」を書いたと解することも可能なように思われる。【小池淳一】

図125　伊良湖岬：愛知県渥美半島の先端にあり、伊良湖水道をはさんで三重県の志摩や鳥羽と向きあう。柳田は1899年（明治32）に訪れた。

民俗学の誕生と考古学への意識

柳田が成城（当時は北多摩郡砧村）に転居し、民俗学に本格的に打ち込むようになるのは一九二七年（昭和二）のことであった。やがてこの成城の書斎から『青年と学問』（一九二八年）、『蝸牛考』（一九三〇年）、『明治大正史世相編』（一九三一年）といった著作が生まれ、一九三三年（昭和八）には、後に木曜会と呼ばれるようになる集まりが行われるようになり、そこでの講義がやがて『民間伝承論』（一九三四年）としてまとめられていく。この時期こそが民俗学が体系化され、柳田のめざす学問の輪郭が明瞭になっていったのだといえるであろう。

図126　初期木曜会のメンバーたち：柳田の書斎に集まり、その指導を受けながら、新興の学問、民俗学の担い手となっていった。前列左から、比嘉春潮、桜田勝徳、山口貞夫、柳田。後列左から、守随一、橋浦泰雄、杉浦健一、大間知篤三、最上孝敬、瀬川清子、大藤時彦、萩原正徳。

図127 『民間伝承論』：木曜会での柳田の講義を後藤興善が筆記し、まとめたもの。

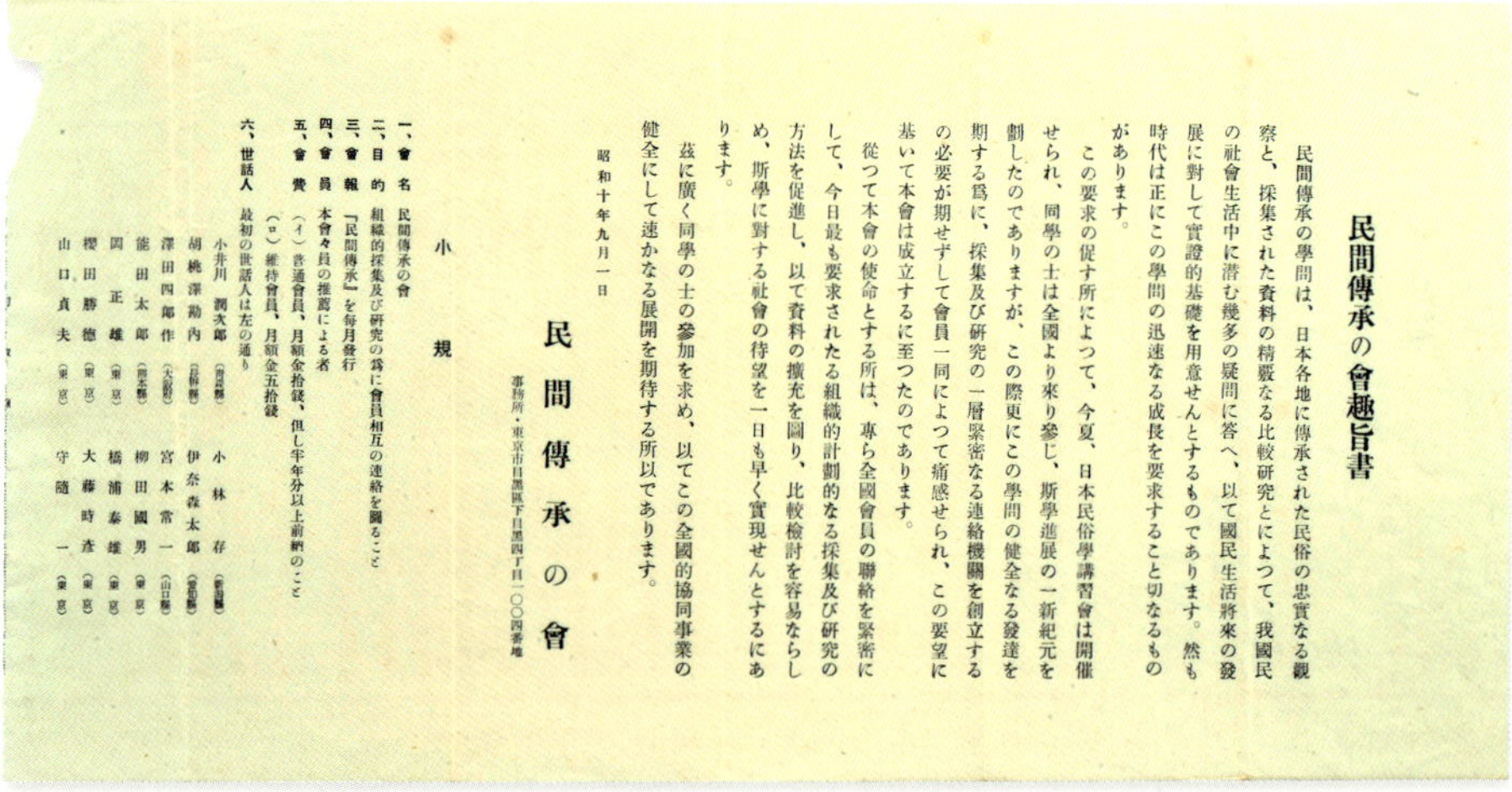

民間傳承の會趣旨書

民間傳承の學問は、日本各地に傳承された民俗の忠實なる觀察と、採集された資料の精覈なる比較研究とによつて、我國民の社會生活中に潜む幾多の疑問に答へ、以て國民生活將來の發展に對して實證的基礎を用意せんとするものであります。然も時代は正にこの學問の迅速なる成長を要求すること切なるものがあります。

この要求の促す所によつて、今夏、日本民俗學講習會は開催せられ、同學の士は全國より來り參じ、斯學進展の一新紀元を劃したのでありますが、この際更にこの學問の健全なる發達を期する爲に、採集及び研究の一層緊密なる連絡機關を創立するの必要が期せずして會員一同によつて痛感せられ、この要望に基いて本會は成立するに至つたのであります。

從つて本會の使命とする所は、專ら全國會員の聯絡を緊密にして、今日最も要求されたる組織的計劃的なる採集及び研究の方法を促進し、以て資料の擴充を圖り、比較檢討を容易ならしめ、斯學に對する社會の待望を一日も早く實現せんとするにあります。

茲に廣く同學の士の參加を求め、以てこの全國的協同事業の健全にして速かなる展開を期待する所以であります。

昭和十年九月一日

民間傳承の會

事務所・東京市目黑區下目黑四丁目一〇〇四番地

小規

一、會名　民間傳承の會
二、目的　組織的採集及び研究の爲に會員相互の連絡を圖ること
三、會報　『民間傳承』を毎月發行
四、會員　本會々員の推薦による者
五、會費　（イ）普通會員、月額金拾錢、但し半年分以上前納のこと
（ロ）維持會員、月額金五拾錢
六、世話人　最初の世話人は左の通り

小井川潤次郎（青森縣）　小林存（新潟縣）
胡桃澤勘内（長野縣）　伊奈森太郎（愛知縣）
澤田四郎作（大阪府）　宮本常一（山口縣）
能田太郎（熊本縣）　柳田國男（東京）
岡正雄（東京）　橋浦泰雄（東京）
櫻田勝德（東京）　大藤時彦（東京）
山口貞夫（東京）　守隨一（東京）

図128 「民間伝承の会趣旨書」：民俗学の研究を推進する全国組織として民間伝承の会が設立され、柳田はその中心となった。全国の同志たちがこの会を支えたことも忘れられない。

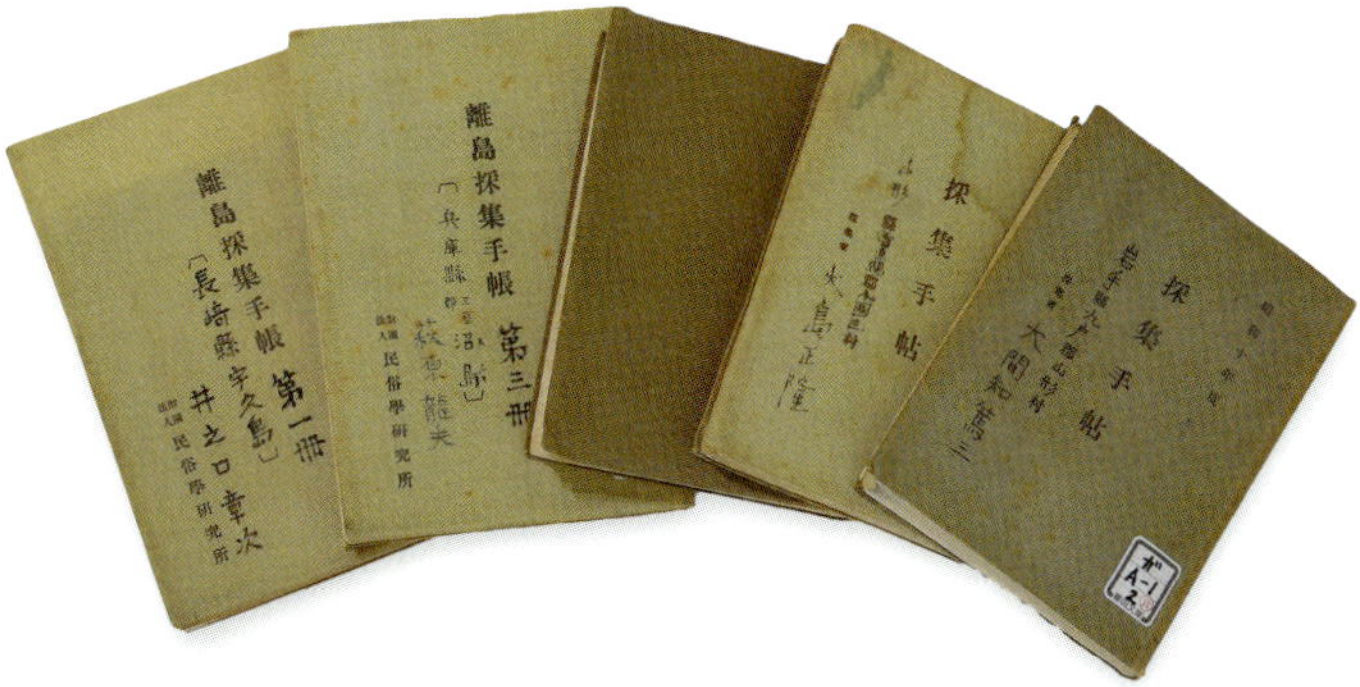

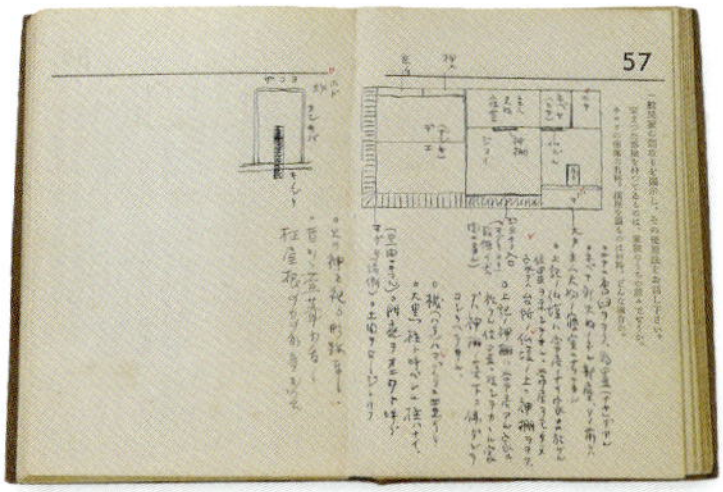

図129　「採集手帖」：山村調査にはじまる全国の民俗調査には周到な質問項目が検討・設定され、手帖のかたちで具体化した。

●体系化する民俗学

学問としての民俗学は、木曜会に集ったこの領域に関心をもつ人びとを組織化するところから始まったといってよい。それまでの柳田の個人芸としての著述や啓蒙家もしくはディレッタント（好事家）的な態度とは一線を画し、目的や方法を明確化して、柳田の視点や蓄積した資料を広く公開することで学術的な制度として磨き上げようとする努力が重ねられていった。木曜会同人を中心とする山村調査（一九三四〜三七年）やさまざまな民俗語彙集の刊行はそれを如実に示すものである。それは一九三五年（昭和一〇）に柳田の還暦を記念して行われた日本民俗学講習会とそれに続く民間伝承の会の誕生、さらに雑誌『民間伝承』の創刊といった大学アカデミズムとはいささかの距離を置きながらも、雑誌や書籍を駆使した学問の近代的な制度設計が実践されていったということができる。

しかしながら、そこには物質文化、とりわけ考古学的な遺物や遺跡に関する興味はそれほど強いものではな

図130　1954年頃の柳田國男

かった。木曜会の同人たちには考古学を専攻する者はいなかったし、雑誌『民間伝承』には、考古学や人類学などに多くの頁を割いたかつての『民族』のようなさまざまな学問の競演というよりも、民間伝承の学を純化させていこうとする意思が感じられる。民俗語彙という生活の中で用いられてきた「ことば」に着目する方法はモノとそれから引き出される客観的な数値などへの志向を拒む側面があったともいえるだろう。その点で、同じように庶民生活に目を向けた渋沢敬三が文字資料や絵画、あるいは民具などの物質文化にも関心をはらっていったのとはやや異なる、一種の戦略的な偏狭さを指摘することもできるかもしれない。

●考古学への関心

その中に考古学への関心や協業への姿勢としては『民間伝承論』の中で「考古学の知識も、古代史や他に史料のない地方史の区域では、可なり鷹揚に援用せられて居る。是が人間の姿形として遺り伝はつて居る史料、もしくは国民の無意識に伝承した無形の遺物や、遺跡の上にまで、手を

図131　『海上の道』：1961年刊行。宝貝や海豚などに着目し、全体として日本人の起源を南方に求めている。

伸したくなるのもやがてであらう。」と述べていることが注目される。新進の学問として考古学が先行しており、民俗学も新たな歴史を考えていく動きに参画して、歴史研究を革新していく方法として認められていくであろうという見通しがここでは示されている。

やがて戦後になると柳田の関心は『海上の道』（一九六一年）に示されたような「日本人の起源」を問う方向へと収斂していく。そうした中で、柳田は考古学や文献史学の限界を指摘するというよりも、両者と連携して戦後の新たな課題に挑もうとする姿勢を示している。民俗学の確立をめざす一方で、柳田は絶えず同じ新興の学として考古学を意識していた。新たな歴史研究の方法として民俗学を考古学に伍したものに育てていきたいという祈りが、柳田の民俗学を貫いていたともいえよう。

こうした志向は、柳田の指導下にあった民俗学研究所が解散したのち紆余曲折があったが、はじめて大学の中に民俗学の独立した講座が置かれた東京教育大学文学部において「史学方法論」の名のもとに考古学と民俗学の研究室が併置されたことによって具体化したともいえる。日本列島上の人類の過去を探る方法の競演は、柳田よりのちの世代に受けつがれていったのである。

【小池淳一】

まとめ

本書では、柳田國男が明治後期を中心とした時期に収集した考古資料の研究を通じて、民俗学・考古学・人類学のそれぞれの視点から、柳田國男が考古資料をどのような目的で集めたのか、その学術的な背景や、当時盛んだった日本人種論との関係などを探り、その後の民俗学が確立していく過程を検討した。その成果の概要を以下にまとめておきたい。

①柳田國男旧蔵考古資料の特徴

「柳田國男旧蔵考古資料」は、一九八九年に柳田為正の自宅床下から柳田為正の収集品に混じってみつかったものである。その際に柳田為正から資料を譲り受けた簑原泰彦氏が、二〇〇四年に国立歴史民俗博物館に寄贈したもので、合計六七点の資料からなる。柳田國男が確実に収集したとわかる資料は限られているが、明確な注記があるものや日付がわかる新聞紙などに包まれた資料は、柳田國男の収集品とみて間違いない。

国立歴史民俗博物館で実施した公募型共同研究「柳田國男収集考古資料の研究」（二〇一一～二〇一三年度）において、これらの資料の調査および考古学・人類学・民俗学の視点からの研究を行った。墨書された和紙の包み紙や、日付が判明している新聞紙に包まれていた資料から、柳田國男による収集活動は一九〇一年（明治三四）ないし一九〇五年（明治三八）から一九〇九年（明治四二）に集中していることがわかった。これは考古遺物収集活動をしていた柳田為正が生まれる以前のものであり、東京周辺において柳田為正が行った考古資料の採集活動の時期である一九二七年（昭和二）から一九三一年（昭和六）頃までとも異なっている（2章工藤原稿）。

考古遺物を収集した明治三〇～四〇年代の柳田國男は二〇代後半から三〇代であり、農政にかかわる専門家として大学で農政学を講じる一方、官僚として産業組合関係の講演会で全国を旅した。樺太（サハリン）への旅行もこの時期である。柳田家の養嗣子により、柳田家のある長野県飯田にも足を運んだ。

日本国内での収集地がわかる資料には、「高田馬場水稲荷境内」（現在の早稲田大学構内）の石斧、「伊那下川路」（現在の長野県飯田市）の石斧、「福島県伊達郡半田村」（現在の福島県伊達郡桑折町）の石器などがある。いずれも明治後期の柳田國男の旅行先・訪問先との関連が推測できる（2章和田原稿）。

樺太（サハリン）関係資料についてみてみると、石器にラベルによる注記がある資料には「ソロイヨフカ」「吉川」「田村」

などの記載がある。これらは柳田國男の一九〇六年（明治三九）の樺太での旅行記である「明治三十九年樺太紀行」（一九五八年）に登場する地名や人名であり、柳田國男による考古遺物収集の事実を裏付ける資料である。

当時は日露戦争によって南樺太が割譲された直後であり、動物学者の飯島魁や人類学者の坪井正五郎、地質学者の神保小虎などの東京帝国大学理学部の教授たちが政府の要請を受けて新領土での現地調査に入った。柳田國男は農政官僚として樺太の視察を行う一方、その道中アイヌの集落見て回り、アイヌの生活や、竪穴住居の跡（柳田はコロボックルの遺跡と日記に記している）に関心を示すだけでなく、発掘を試みたり、考古遺物を収集したりしていたのである。ただし「柳田國男旧蔵考古資料」は石斧や尖頭器などの特定の器種への偏りがみられることから、発掘品を一括して持ち帰ったものではなく、特徴的な遺物を現地の人びとから譲り受けるなどして持ち帰ったものと考えられる。これらは主にはオホーツク文化期の資料である（2章佐藤、福田原稿、熊木原稿）。

②収集の背景

柳田國男の考古資料収集は、明治後期を中心としていたことが明確になった。明治時代の後半期は、日本と清国、朝鮮をめぐる東アジアの激動期でもあった。この時期には「日本人とは何か」という日本人種論が盛んに議論され、お雇い外国人によるアイヌ説やプレ・アイヌ説、坪井正五郎を中心としたアイヌ・コロボックル論争、鳥居龍蔵の固有日本人論など、さまざまな視点から人種論が議論された（3章山田原稿）。

柳田國男の初期の研究テーマは山人であった。柳田國男自身も山人論との繋がりの中で、日本人種論に強い関心をもっていた。一九〇八年の椎葉村訪問により、椎葉村に残る狩猟の習俗や伝承に感銘を受けた柳田國男は、先住民族の末裔としての山人の存在を確信した。柳田國男は、「山人はこの島国に昔繁栄していた先住民の子孫である」と位置づけ、その存在を証明する資料を求めた（4章松田原稿）。

山人論を追究していた頃の柳田國男は、日本には支配民族としての天孫種が大陸から渡来する以前に同じ渡来系の出雲族がおり、さらにその前に土着していたのがアイヌともコロボックルともいわれる種族であると説いていた。日本という国は多民族によって構成されている、多民族国家と柳田國男は考えていたのである。柳田國男が考古遺物を収集していた時期は、一九〇九年（明治四二）の「天狗の話」や「後狩詞記」、一九一〇年（明治四三）の『遠野物語』など、山人関係の論文を書いて構想をまとめていっている時期の直前にあたる。明治後期に柳田國男が、アイヌ民族が居住する樺太を含んだ各地で考古遺物を収集していることと、山人が先住民の生き残りだという説を構築していったこととは関連性をもっており、切り離して考えることはできないことがわかった（3章設楽原稿）。

③柳田國男の考古学批判

柳田國男は一九〇三年（明治三六）に考古学会に入会した。村の境界の祭壇、石神・塚についての山中共古、和田千吉、喜田貞吉らとの議論を『石神問答』にまとめ、一九一〇年の「十三塚」の寄稿をはじめとして『考古学雑誌』に論文を投稿し、喜田の神籠石論争にも関与した（4章林コラム）。一九一一年には考古学会の評議員もつとめ、南方熊楠にも入会を勧めている。しかし、南方熊楠との文通により、考古学が遺物や古墳を偏重し、村の生活史に無関心であることへの批判を強め、新たな学問分野の創出を目指すようになる（4章佐藤原稿、林コラム）。一方、南方熊楠との交流を通じて実在としての山人の存在が否定され、山人の追究から離れていった（4章松田原稿）。

大正から昭和の初め頃になると、柳田國男は考古学批判を繰り返し述べるようになる。後に「考古学嫌いだった」と観られるのはこれらの批判的な記述によるものだろう。柳田國男の考古学批判はある時期に集中するが、明確な批判は一九一八～一九一九年に書かれた「村を観んとする人の為に」が最初のようである。このとき、一九三五年頃まで繰り返し述べられる考古学批判が一気に展開された。批判は大きく三点に分けられ、①一部の資料で歴史を語ることができるのか、②生活史を重視していない、③上代偏重・起源論重視、に対するものであった（4章設楽原稿）。柳田國男は考古学の対象を、原始・古代だけでなく中近世へ、土器・石器・人骨だけでなく植物性遺物へと拡張する必要を訴え続けた。一九二五年（大正一四年）には雑誌『民族』を刊行して、考古・人類・歴史学の交流を図った（4章林コラム）。

この間は、柳田國男は主たる研究の対象を農政学から民俗学へと移していった時期にあたり、一九一九年（大正八）には貴族院書記官長を辞して民俗学一本でやっていこうと路線固めをしようとしたときである。数々の考古学批判の原型が形成されたのは、考古学批判を通じて民俗学という自らの学問の性格をみきわめようとしていたからであろう（4章設楽原稿）。

一方考古学は、大正時代に松本彦七郎が縄文土器の紋様変化から土器型式の連続性や系統性を追究して年代序列を作り、それを貝塚の分層発掘によって検証するという自然科学的な分析方法を樹立すると、山内清男は昭和初期には縄文土器の全国的な編年網をほぼ完成させた。縄文時代の終末がある地方では鎌倉時代まで下がるという喜田貞吉の説への反論に山内が用いたのは、この縄文土器の編年であった。こうした型式学に対して柳田國男は、「土鉢土瓶の紋様の比較だけで、彼等の生活を知り得ざるは明白なことである」と批判した。山内らの編年学派は、まずは編年によって議論の土台を整備する必要があると説いたが、柳田國男は土器学として型式をひねくりまわす学問をなかば軽蔑していた。終生文学を基盤とした柳田國男は、小林行雄のような記紀を参照枠とするような考古学は評価するが、山内学派のような土器の型式にこだわる考古学は即物的として遠ざけていたようである（4章設楽原稿）。

柳田國男の民俗学の特徴は民俗文化の中でもその精神性への強い志向であり、また言葉を媒介とした民俗事象の把握という方法であった。これは、詩人として出発し、近代文学、とくにのちに自然主義文学の担い手となる人びとともに青春を送ったことと無縁ではないだろう（1章松田原稿、4章小池原稿）。

『民間伝承論』（一九三四年）の中で柳田國男は「考古学の知識も、古代史や他に史料のない地方史の区域では、可なり鷹揚に援用されて居る。是が人間の姿形として遺り伝はつて居る史料、もしくは国民の無意識に伝承した無形の遺物や、遺跡の上まで、手を伸ばしたくなるのもやがてであらう」と述べている。新進の学問として考古学が先行しており、民俗学も新たな歴史を考えていく動きに参画して、歴史研究を革新していく方法として認められていくであろうという見通しが示されている（4章小池原稿）。このように一九三五年（昭和一〇）頃になると考古学批判もトーンダウンして、むしろ非文学を扱う学問的役割の民俗学との共通性や考古学の成果を強調するようになった。民俗学の完成と考古学批判が表裏をなしていたことの、ひとつのあらわれとみることができる（4章設楽原稿）。

以上が、本書で示した成果の概要である。柳田國男は考古学に対して批判的であった。しかしそれは「考古学嫌い」とは異なっていた。柳田國男が目指したのは総合的な人類学であり、歴史学であった。近代に入りさまざまな研究分野が芽生え、成長し、学問としての地位を獲得していった。それは対象の明確化と方法論の精緻化の過程であると同時に、各分野の個別化の過程でもあったと言える。柳田國男が危惧したのは考古学の個別化であったのだろう。

急な近代化によるほころびが顕在化した大正末から昭和初期の日本が抱える問題を解決する手段として、柳田國男は歴史学に希望を見いだした。「史学は古い事を穿鑿する技術では決してない。人が自己を見出す為の学問であったのだ」（『青年と学問』）という柳田の唱える学問的使命は、多様な分野の協業によってはじめて果たされるのである。

しかし、その後学問分野の個別化はさらに進んだ。柳田國男が確立した民俗学もその例外でない。明治の終わりに柳田國男が集めた考古遺物は、今日の民俗学や考古学、ひいては人文科学全体のあり方を問う、一つのきっかけともなる重要な資料なのである。

【工藤雄一郎・松田睦彦・設楽博己】

おわりに

本書は、国立歴史民俗博物館が二〇一一〜二〇一三年度に行った公募型共同研究「柳田國男収集考古資料の研究」の成果を、よりわかりやすく提示することを目的として作成した概説書である。三年間の共同研究のより詳細な成果は、二〇一六年度刊行予定の『国立歴史民俗博物館研究報告』特集号「柳田國男収集考古資料の研究」において公開する予定である。合わせてご覧いただけたら幸いである。なお、共同研究のメンバーは以下の通りである。

研究代表者：設楽博己
共同研究員：工藤雄一郎（副代表）、熊木俊朗、小池淳一、佐藤健二、高瀬克範、福田正宏、松田睦彦、山田康弘、和田健（五十音順）
リサーチアシスタント：大澤正吾、林正之
研究協力者・ゲストスピーカー：黒田篤史、甲元眞之、前川さおり、前田潮、簑原泰彦

共同研究の過程で、柳田國男にゆかりのサハリンや岩手県遠野市、宮崎県椎葉村を訪れ、研究会を開催した。柳田國男の足跡を訪ねながらの研究は、ありし日の柳田の抱いた考古学観の形成をじかに探るともよい機会となった。現地でお世話をしていただいたサハリン国立総合大学のA・ワシレフスキー氏、遠野市文化研究センターの黒田篤史氏、前川さおり氏、サハリンに同行していただいた前田潮氏の各氏にお礼を申し上げたい。また、成城大学民俗学研究所でも研究会を開催させていただき、柳田文庫を閲覧させていただいたうえに解説もしていただいた。松崎憲三所長をはじめ、林洋平氏、茂木明子氏にお世話になった。研究会ではゲストスピーカーとして甲元眞之氏、黒田篤史氏、簑原泰彦氏にご発表いただいた。

また、本書の作成を通じて以下の諸機関・諸氏にお世話になった。記してお礼申し上げる（敬称略）。

渥美半島観光ビューロー、オホーツクミュージアムえさし、笠岡市教育委員会、（株）ツムラ（植物研究雑誌事務局）、県立神奈川近代文学館（公財）神奈川文学振興会、国立科学博物館、国立歴史民俗博物館、国立歴史民俗博物館考古整理室、札幌市中央図書館、椎葉村観光協会、社団法人日本動物学会、新宿区教育委員会、筑波大学附属学校教育局、東京大学大学院人文社会系研究科附属 北海文化研究 常呂実習施設、東京大学総合研究博物館、藤村記念館、東北大学史料館、東北大学理学部自然史標本館、遠野市立博物館、徳島県立鳥居龍蔵記念博物館、徳満寺、利根町教育委員会、長岡市立中央図書館文書資料室、名古屋大学博物館、日本近代文学館、日本鳥学会、星ライブラリ、北海道大学附属図書館、南方熊楠顕彰館（田辺市）

稲葉佳代子、大場秀章、門脇誠二、諏訪元、関根良平、田中洋史、都築由理子、西田泰民、春成秀爾、福岡万里子、C・フォン・ブランデンシュタイン＝ツェッペリン、古川左映子、星マリナ、A・モジャーエフ、山口典之

そして最後になったが、簑原泰彦氏には貴重な資料を国立歴史民俗博物館にご寄贈いただき、本共同研究のきっかけを与えていただいただけでなく、資料発見時の詳細な経緯や、柳田為正との交流など、研究を進めるにあたって貴重な情報を数多くご教示いただいた。また、資料発見時の写真もご提供いただいた。改めて深く感謝申し上げる次第である。

二〇一六年四月

設楽　博己
工藤雄一郎
松田　睦彦

参考文献

1　柳田國男の生い立ちと学問的背景

野村純一他編　一九九八『柳田國男事典』勉誠出版

橋川文三　二〇〇二『柳田国男論集成』作品社

柳田國男　二〇一四『柳田国男の故郷七十年』ＰＨＰエディターズ・グループ

2　柳田國男が集めた考古資料

●柳田國男はどんな考古資料を収集したのか

設楽博己　二〇一五「柳田國男と考古学」『成城大学民俗学研究所紀要』第三九号、成城大学民俗学研究所

新岡武彦・宇田川洋　一九九二『サハリン南部の考古資料』北海道出版企画センター

柳田國男　一九五八「明治三十九年樺太紀行」『心』第一一巻第七号、心編集委員会

●柳田考古遺物の採集地はどこか?①

後藤総一郎監修・柳田国男研究会編著　一九八八『柳田国男伝』、『別冊　柳田国男伝』三一書房

柳田國男　一九五九『故郷七十年』のじぎく文庫（柳田國男　一九七一『定本　柳田國男集』別巻三〔新装版〕、筑摩書房）

●柳田考古遺物の採集地はどこか?②

佐藤健二　二〇一五『柳田国男の歴史社会学：続・読書空間の近代』せりか書房

●柳田考古遺物の採集地はどこか?③

新岡武彦・宇田川洋　一九九二『サハリン南部の考古資料』北海道出版企画センター

野村崇編　二〇〇八『樺太考古学のパイオニア―木村信六伝―』北海道北方博物館協会

Vasil'evskii L.S., Golubev V.A. 1976 Drevnie pocereniya na Sakhaline: Susuĭskaya stoyanka. Novosibirsk: NAUKA.（ワシリィエフスキー、Ｌ・Ｓ・、ゴールベフ、Ｖ・Ａ・一九七六『サハリンにおける古代集落遺跡―ススヤ遺跡―』ノボシビルスク、ナウカ）

●コラム　飯島魁の「樺太みやげ」

小西雅徳編　二〇〇〇『石田収蔵―謎の人類学者の生涯と板橋―』板橋区立郷土資料館

●柳田考古遺物の採集地はどこか?④

伊東信雄　一九八二「樺太の土器文化」『縄文土器大成五　続縄文』講談社

菊池俊彦　二〇〇九『オホーツクの古代史』平凡社新書

熊木俊朗　二〇一三「隣接地域の様相と交流　サハリン・千島列島」『講座日本の考古学三　縄文時代（上）』青木書店

斎野裕彦　一九九八「北海道・東北の柱状片刃石斧」『北方の考古学』野村崇先生還暦記念論集刊行会

●コラム　標本箱が語る柳田國男と矢田部良吉家との交流

大場秀章編　二〇〇七『植物文化人物事典―江戸から近現代・植物に魅せられた人々―』日外アソシエーツ株式会社

園原太郎　一九五七「矢田部先生の逝去を悼む」『心理学評論』第一巻第二号、心理学評論刊行会

中山珖一　二〇〇四『追憶の柳田國男―下野探訪の地を訪ねて―』随想舎

堀内久美雄編　一九九一『新訂　標準音楽辞典』音楽之友社

矢田部勁吉　一九六三「叔父の事など」『定本　柳田國男集三　月報』筑摩書房

柳田國男　一九六三「瑞西日記」『定本　柳田國男集』第三巻、筑摩書房

柳田國男　一九六四「日記より」『定本　柳田國男集』第二六巻、筑摩書房

柳田國男　一九五九『故郷七十年』のじぎく文庫（『定本　柳田國男集』別巻三、筑摩書房）

柳田国男研究会編　一九八八『柳田国男伝』三一書房

3　なぜ柳田國男は考古資料を収集したのか

●お雇い外国人の活躍と一八八〇年代の「日本人種論」

シーボルト、H・V・一八七九『考古説略』

モース、E・S・（矢田部良吉訳）一八七九『大森介墟古物編』東京大学法理文学部

Baelz, E. V. 1883 'Dei Koerperlichen Eigenschaften der Japaner' Mitteilungen der OAG Band3 Heft28.（池田次郎訳 一九七三「日本人の起源とその人種的要素」『論集日本文化の起源』第五巻、平凡社）

Milne, J. 1881 'The stone age in Japan, with note on recent Geological changes which have taken place' *The Journal of the Anthropological Institute of Great Britain and Ireland*, vol.10.

Morse, E. S. 1879 "Shell Mounds of Omori" *Memories of the Science Department*, Vol.1 Part1, University of Tokyo, Japan.

Siebolt, H. V. 1879 "Notes on Japanese Archaeology with Especial Reference to the Stone Age" Typography of C. Levy, Yokohama.

●日本人研究者による人種論の始まり

小金井良精 一八九〇a「アイノ人四肢骨に就て」『東京人類学雑誌』第五巻第五二号

小金井良精 一八九〇b「本邦貝塚より出たる人骨に就て」『東京人類学雑誌』第六巻第五六号

小金井良精 一九〇四『日本石器時代の住民』春陽堂

坪井正五郎 一八八七「コロボックル北海道に住みしなるべし」『東京人類学会報告』第一巻第一二号

坪井正五郎 一八八八「石器時代の遺物遺蹟は何者の手に成ったか」『東京人類学会雑誌』第三巻第三二号

坪井正五郎 一八九五「コロボックル風俗考」『風俗画報』第九一―一〇八号

坪井正五郎 一八九七「石器時代総論要領」『日本石器時代人民遺物発見地名表』東京帝国大学

鳥居龍蔵 一九〇一「北千島に存在する石器時代遺跡遺物は抑も何種族の残せしもの歟」『東京人類学雑誌』第一七巻第一八七号

鳥居龍蔵 一九〇三『千島アイヌ』吉川弘文館

渡瀬荘三郎 一八八六「札幌近傍ピット其他古跡の事」『人類学会報告』第一巻第一号

M・S・（白井光太郎）一八八七「コロボックル果シテ北海道ニ住ミシヤ」『東京人類学会報告』第二巻第一一号

●コラム アイヌ・コロポックル論争の考古学的な資料

江見水陰 一九〇七『地底探検記』博文館

坪井正五郎 一八九五「コロポックル風俗考 第一回」『風俗画報』第九〇号、東洋堂

中村士徳 一九〇四「三河國発見の有髯石器時代土偶に就きて」『考古界』第三巻第九号

●柳田國男の考古遺物収集と山人論の形成

赤坂憲雄 一九九一『山の精神史―柳田国男の発生―』小学館

野本寛一 一九八九「解説」『柳田國男全集』第五巻、筑摩書房

柳田國男 一九〇五「幽冥談」『新古文琳』第一巻第六号（『柳田國男全集』第二三巻、筑摩書房）

柳田國男 一九〇九a「天狗の話」『珍世界』第三号（『定本 柳田國男集』第四巻、筑摩書房）

柳田國男 一九〇九b「山民の生活」『山岳』第四巻第三号（『定本 柳田國男集』第四巻、筑摩書房）

柳田國男 一九一〇「山人の研究」『柳田國男全集』第二三巻、筑摩書房

●コラム『遠野物語』に描かれた遺跡と遺物

伊能嘉矩・鈴木重男 一九二三『岩手縣上閉伊郡石器時代遺物發見地名表』内田書店

及川勝穂・梅田収得 一九六一「山口包含地」『埋蔵文化財調査報告書（二）』

菊池照雄 一九六九『佐々木喜善―遠野伝承の人―』遠野市立博物館、一六頁

黒田篤史・向山直見・佐藤浩彦 二〇一四『栃内野崎遺跡発掘調査報告書』（遠野市埋蔵文化財調査報告書第一一集）遠野市教育委員会

佐々木喜善 一九二四「地震の揺らないと謂ふ所」『遠野』第一号、遠野郷土舘、

一八―一九頁（遠野市立博物館『佐々木喜善全集（Ⅱ）』）
佐々木春霞　一九〇二『古考古物號記』
佐藤誠輔　二〇〇四『遠野先人物語　佐々木喜善小伝　日本のグリム』遠野市教育文化振興財団
設楽博己　二〇一三「柳田國男とミネルヴァ論争」『みずほ別冊　弥生研究の群像』大和弥生の会
高橋喜平　一九七六『遠野物語考』創樹社
遠野常民大学　一九九七「一一二　注釈」『注釈　遠野物語』筑摩書房
柳田國男　一九〇九a「天狗の話」『珍世界』第三号、光村出版部（『定本　柳田國男集』第四巻、筑摩書房）
柳田國男　一九〇九b「山民の生活」『山岳』四巻三号、日本山岳会（『定本　柳田國男集』第四巻、筑摩書房）
柳田國男　一九一〇『遠野物語』聚精堂（『定本　柳田國男集』第四巻、筑摩書房）

●古代史学者喜田貞吉の日本民族論と柳田國男との関係

喜田貞吉　一九〇七「土蜘蛛種族論」『歴史地理』第九巻第三号
喜田貞吉　一九一六「日本太古の民族に就いて」『史学雑誌』第二七編第三号
喜田貞吉　一九三六a「日本石器時代の終末に就いて」『ミネルヴァ』四月号
喜田貞吉　一九三六b「「あばた」も「えくぼ」、「えくぼ」も「あばた」―日本石器時代終末期問題―」『ミネルヴァ』
鳥居龍蔵　一九一八『有史以前の日本』磯部甲陽堂
柳田國男　一九〇九「天狗の話」『珍世界』第三号（『定本　柳田國男集』第四巻、筑摩書房）
柳田國男　一九一七「山人考」大正六年日本歴史地理学会大会講演手稿（『定本　柳田國男集』第四巻、筑摩書房）
山内清男　一九三六a「日本考古学の秩序」『ミネルヴァ』五月号
山内清男　一九三六b「考古学の正道―喜田博士に呈す―」『ミネルヴァ』七・八月号

●鳥居龍蔵の固有日本人論

鍵谷徳三郎　一九〇八「尾張熱田高蔵貝塚実査」『東京人類学会雑誌』第二三巻第二六六号
鳥居龍蔵　一八九七「穢多に就ての人類学的調査」『東京人類学会雑誌』第一三巻第一四〇号
鳥居龍蔵　一九〇八「満州の石器時代遺跡と朝鮮の石器時代遺跡との関係に就て」『東京人類学雑誌』第二三巻第二六二号
鳥居龍蔵　一九一三「銅鐸考」『歴史地理』第二一巻第一号
鳥居龍蔵　一九一八『有史以前乃日本』（初版）磯部甲陽堂
鳥居龍蔵　一九二〇「日鮮人は「同源」なり」『同源』第一号
鳥居龍蔵　一九二一「武蔵野及び其付近の有史以前人骨に就て」『武蔵野』第四巻第一号
鳥居龍蔵　一九二三「原始時代の人種問題」『中央史壇』第六巻第六号
鳥居龍蔵　一九二四「歴史教科書と国津神」『人類学雑誌』第三九巻第三号
鳥居龍蔵　一九二五「先史時代のアイヌ人と我が祖先の先駆者」『史学雑誌』第三六巻第一号

●コラム　今西龍と固有日本人論

今西龍　一九〇七「朝鮮にて発見せる貝塚に就て」『東京人類学会雑誌』第二三巻第二五九号
鳥居龍蔵　一九〇八「満州の石器時代遺跡と朝鮮の石器時代遺跡との関係に就て」『東京人類学会雑誌』第二三巻第二六二号

●形質人類学者による日本人種論

清野謙次　一九二〇「備中国浅口郡大島村津雲貝塚人骨報告」島田貞彦・清野謙次・梅原末治『備中津雲貝塚発掘報告』京都帝国大学文学部考古学研究報告第五冊
清野謙次　一九二五『日本原人の研究』岡書院
清野謙次　一九二八『日本石器時代人研究』岡書院
清野謙次　一九四六『日本民族生成論』日本評論社
坂野　徹　二〇〇五『帝国日本と人類学者　一八八四―一九五二年』勁草書房
長谷部言人　一九一七a「壮丁の身長より見たる日本人の分布」『東北医学雑誌』第二巻第一号

長谷部言人 一九一七b「日本人頭蓋の地方的差異」『人類学雑誌』第三二巻第一〇号
長谷部言人 一九一七c「石器時代住民論我観」『人類学雑誌』第三二巻第一一号
長谷部言人 一九一七d「蝦夷はアイヌなりや」『人類学雑誌』第三二巻第一二号
長谷部言人 一九一九「石器時代住民と現代日本人」『歴史と地理』第三巻第二号

4 柳田民俗学の形成と考古学批判

●柳田國男はなぜ考古学を批判し、考古学と決別したのか

柳田國男 一九一八〜一九一九「村を観んとする人の為に」『都会と農村』第四巻第一一・一二号、第五巻第一・二号（『定本 柳田國男集』第二五巻、筑摩書房）
山下紘一郎 一九八八「郷土会とその人々」『柳田国男伝』三一書房

●コラム 柳田國男が批判した「近世考古学」の現在

浅川滋男・箱崎和久編 二〇〇一『埋もれた中近世の住まい』同成社
伊東隆夫・山田昌久編 二〇一二『木の考古学 出土木製品用材データベース』海青社
北野信彦 二〇〇五『漆器の考古学』愛知大学綜合郷土研究所ブックレット一〇、愛知大学綜合郷土研究所
古泉弘 一九八三『江戸を掘る―近世考古学への招待』柏書房
古泉弘編 二〇一三『事典 江戸の暮らしの考古学』吉川弘文館
東京都新宿区立新宿歴史博物館編 一九九三「特別展 江戸のくらし 近世考古学の世界」（記念講演・座談会報告書）新宿区教育委員会
日本石造物辞典編集委員会 二〇一二『日本石造物辞典』吉川弘文館

●自然科学と文学

松本彦七郎 一九一九「宮戸島里浜及気仙郡獺沢介塚の土器―特に土器紋様論―」『現代の科学』第七巻第五号
柳田國男 一九〇五「幽冥談」『新古文琳』第一巻第六号（『柳田國男全集』第二三巻、筑摩書房）
山内清男 一九三〇「所謂亀ヶ岡式土器の分布と縄紋式土器の終末」『考古学』第一巻第三号

●コラム 柳田國男と考古学者との交遊録

岡茂雄 一九七四『本屋風情』平凡社
川村湊 一九九六『「大東亜民俗学」の虚実』講談社
佐藤健二 二〇一五『柳田国男の歴史社会学―続・読書空間の近代』せりか書房
谷川健一 一九六二「『海上の道』と天才の死」『論争』第四巻第九号（『谷川健一全集』第一八巻（人物一（柳田国男））、冨山房インターナショナル
鶴見太郎 二〇〇四『民俗学の熱き日々 柳田国男とその後継者たち』中央公論社
勅使河原彰 一九八八『日本考古学史 年表と解説』東京大学出版会
寺田和夫 一九七五『日本の人類学』思索社
春成秀爾 二〇〇三『考古学者はどう生きたか―考古学と社会―』学生社
柳田國男 一九五九『故郷七十年』のじぎく文庫（『定本 柳田國男集』別巻三、筑摩書房）
柳田国男・安藤広太郎・盛永俊太郎他 一九六九『稲の日本史』上下、筑摩書房
柳田国男研究会編 一九八八『柳田国男伝』三一書房

●山人論から稲作民俗論へ

飯倉照平編 一九九四『柳田國男 南方熊楠往復書簡集』上・下、平凡社ライブラリー
永池健二 一九七五「柳田民俗学における山人研究史の変容と展開」後藤総一郎編『柳田国男の学問形成』白鯨社
室井康成 二〇一〇『柳田国男の民俗学構想』森話社

●文学との決別が柳田民俗学を生んだのか

岡谷公二 二〇一二『柳田国男の恋』平凡社
柳田国男研究会編著 一九八八『柳田国男伝』三一書房

●民俗学の誕生と考古学への意識

柳田国男研究会編著 一九八八『柳田国男伝』三一書房

所蔵・提供・出典

1章扉裏　成城大学民俗学研究所
図1　徳満寺所蔵　利根町教育委員会提供
図2　個人蔵　県立神奈川近代文学館提供
図3　個人蔵　県立神奈川近代文学館提供
図4～6　成城大学民俗学研究所
2章扉裏　成城大学民俗学研究所
図7　成城大学民俗学研究所
図8　簑原泰彦
図9　成城大学民俗学研究所
図10　1～4　工藤雄一郎撮影
図11　国立歴史民俗博物館
図12-1 外邦図─東北大学理学部自然史標本館
図12-2～4　工藤雄一郎撮影
図13-1～3・図14　国立歴史民俗博物館
図15～18　国立歴史民俗博物館、簑原泰彦撮影
図19～28　国立歴史民俗博物館
図21～24　顕微鏡写真は高瀬克範撮影
図30　西鶴定嘉『新撰 大泊史』大泊町役場、1939年
図31・32　札幌市中央図書館
図33　樺太庁編『樺太庁施政三十年史』、1973年
図34　熊木俊朗撮影
図35　A. モジャーエフ撮影
図36　札幌市中央図書館
図37　工藤雄一郎撮影
図39・40　東京大学総合研究博物館
図40下図：坪井正五郎1908「カラフト石器時代遺跡発見の長骨管」『東京人類学雑誌』第263号
図41　『鳥』3巻11号、1921年
図42　北海道大学附属図書館
図43～48　東京大学総合研究博物館
図48下図　『東京人類学会雑誌』第247号
図49　オホーツクミュージアムえさし
図50　東北大学史料館
図51　東京大学大学院人文社会系研究科附属 北海文化研究 常呂実習施設
図52　伊東信雄「樺太先史時代土器編年試論」『喜田貞吉博士追悼記念論集』、1942年
図54　熊木俊朗撮影
図56-1～5　工藤雄一郎撮影
図57　筑波大学附属学校教育局
図58　国立歴史民俗博物館
3章扉裏　成城大学民俗学研究所
図59　東京大学総合研究博物館
図60～62　Morse, E. S. 1879 "Shell Mounds of Omori" *Memories of the Science Department*, Vol.1 Part1, University of Tokyo, Japan.
モース、E. S.（矢田部良吉訳）1879『大森介墟古物編』東京大学法理文学部
図63　C・フォン・ブランデンシュタイン＝ツェッペリン
図64　シーボルト、H. V.『考古説略』1879年
図65　Siebolt, H.V. 1879, *Notes on Japanese Archaeology with Especial Reference to the Stone Age*, Typography of C. Levy, Yokohama.
図66　名古屋大学博物館
図67　Bälz, Erwin: Das Leben eines deutschen Arztes im erwachenden Japan : Tagebücher, Briefe, Berichte / herausgegeben von Toku Bälz, Stuttgart : J. Engelhorns Nachf., c1930.
図68　国立科学博物館
図69　東京大学総合研究博物館
図70　『植物研究雑誌』2巻6号、1922年
図71　『動物学雑誌』43巻508・509・510合併号、1931年
図72　坪井正五郎 1895「コロボックル風俗考」『風俗画報』第91-108号
図73　東京大学総合研究博物館
図74　星ライブラリ
図75　東京大学総合研究博物館
図76　中村士徳 1904「三河國発見の有髯石器時代土偶に就きて」『考古界』3-9
図77　国立歴史民俗博物館
図78　成城大学民俗学研究所
図79上段「幽冥談」、『後狩詞記』資料、「山民の生活」、『遠野物語』：成城大学民俗学研究所
図79上段椎葉村訪問：椎葉村観光協会
図79上段1909年「天狗の話」『珍世界』1-3
1910年「山人の研究」『新潮』12-4
図79下段国立歴史民俗博物館、簑原泰彦撮影
図80・81・83・84　遠野市立博物館
図82　黒田篤史作成
図85　東北帝国大学国史学会編『喜田博士追悼記念 国史論集』大東書館、1942年
図86　『ミネルヴァ』創刊号、1936年
図87　喜田貞吉 1907「土蜘蛛種族論」『歴史地理』第9巻第3号
図88　個人蔵
図89・90　国立歴史民俗博物館
図91　鍵谷徳三郎 1908「尾張熱田高蔵貝塚実査」『東京人類学会雑誌』第23巻第266号
図92　東京大学総合研究博物館
図93　徳島県立鳥居龍蔵記念博物館
図94・95　東京大学総合研究博物館
図96　今西龍 1907「朝鮮にて発見せる貝塚に就て」『東京人類学会雑誌』第23巻259号
図97　東京大学総合研究博物館
図98　笠岡市教育委員会
図99　清野謙次『日本貝塚の研究』岩波書店、1969年
図100 山田康弘作成
図101 笠岡市教育委員会
4章扉裏　成城大学民俗学研究所
図102・103　新宿区教育委員会
図104 東北大学史料館
図105 松本彦七郎 1919「宮戸島里浜及気仙郡獺沢介塚の土器─特に土器紋様論─」『現代の科学』7-5
図106 春成秀爾
図107 東京大学総合研究博物館所蔵　久保良撮影　『日本の美術』499号、至文堂
図108 東京大学総合研究博物館所蔵　末松正義撮影
図109　山内清男 1937「縄紋土器型式の細別と大別」『先史考古学』第1巻第1号
図110 南方熊楠顕彰館（田辺市）
図111 成城大学民俗学研究所
図112 南方熊楠顕彰館（田辺市）
図113 成城大学民俗学研究所
図114『南方随筆』岡書院、1926年
図115『柳田國男・南方熊楠往復書簡集』飯倉照平編、平凡社、1976年
図116 椎葉村観光協会
図117 県立神奈川近代文学館
図118 成城大学民俗学研究所
図119『東京人類学会雑誌』299号、1911年
図120 成城大学民俗学研究所
図121 個人蔵　県立神奈川近代文学館提供
図122 県立神奈川近代文学館
図123 個人蔵　県立神奈川近代文学館提供
図124 藤村記念館
図125 渥美半島観光ビューロー
図126 成城大学民俗学研究所
図127 個人蔵　県立神奈川近代文学館提供
図128 県立神奈川近代文学館寄託
図129 成城大学民俗学研究所
図130 成城大学民俗学研究所　三木茂撮影
図131 県立神奈川近代文学館

国立歴史民俗博物館提供写真：勝田徹撮影
県立神奈川近代文学館：県立神奈川近代文学館
（公財）神奈川文学振興会

地図作成：あおく企画

編著者紹介

設楽博己（したら・ひろみ）

一九五六年群馬県生まれ。静岡大学人文学部卒業後、筑波大学大学院博士課程単位取得退学。博士（文学）。国立歴史民俗博物館考古研究部助教授、駒澤大学文学部助教授、同教授を経て、現在、東京大学大学院人文社会系研究科教授。専門は日本考古学。主な著書・編著に、『十二支になった 動物たちの考古学』（編著、新泉社、二〇一五年）、『縄文社会と弥生社会』（敬文舎、二〇一四年）などがある。

工藤雄一郎（くどう・ゆういちろう）

一九七六年千葉県生まれ。青山学院大学文学部史学科卒業後、東京都立大学大学院博士課程修了。博士（史学）。名古屋大学年代測定総合研究センター研究機関研究員、国立歴史民俗博物館研究部考古研究系助教を経て、現在、国立歴史民俗博物館研究部考古研究系准教授。専門は先史考古学、第四紀学。主な著書・編著に『旧石器・縄文時代の環境文化史―高精度放射性炭素年代測定と考古学―』（単著、新泉社、二〇一二年）、『ここまでわかった！縄文人の植物利用』（編著、新泉社、二〇一四年）などがある。

松田睦彦（まつだ・むつひこ）

一九七七年神奈川県生まれ。早稲田大学第一文学部卒業後、成城大学大学院博士課程後期修了。博士（文学）。成城大学民俗学研究所研究員、国立歴史民俗博物館研究部助教を経て、現在、国立歴史民俗博物館研究部民俗研究系准教授。専門は民俗学。主な著書・論文に『人の移動の民俗学―タビ〈旅〉から見る生業と故郷―』（慶友社、二〇一〇年）、「柳田国男の「生業」研究をめぐる一考察」（『国立歴史民俗博物館研究報告』二〇一〇年）などがある。

執筆者一覧（初出の執筆順）

高瀬克範（たかせ・かつのり）　北海道大学大学院文学研究科　准教授

和田　健（わだ・けん）　千葉大学国際教養学部　准教授

佐藤健二（さとう・けんじ）　東京大学大学院人文社会系研究科　教授

福田正宏（ふくだ・まさひろ）　九州大学埋蔵文化財調査室　助教

熊木俊朗（くまき・としあき）　東京大学大学院人文社会系研究科　准教授

林　正之（はやし・まさゆき）　東京大学大学院人文社会系研究科　博士課程

山田康弘（やまだ・やすひろ）　国立歴史民俗博物館研究部考古研究系　教授

黒田篤史（くろだ・あつし）　遠野市遠野文化研究センター　文化課　主任兼学芸員

小池淳一（こいけ・じゅんいち）　国立歴史民俗博物館研究部民俗研究系　教授

柳《やなぎ》田《た》國《くに》男《お》と考古学

なぜ柳田は考古資料を収集したのか

二〇一六年五月一〇日　第一版第一刷発行

編著者　設楽博己・工藤雄一郎・松田睦彦

発行　新泉社
東京都文京区本郷二－五－一二
電話　〇三－三八一五－一六六二
ファックス　〇三－三八一五－一四二二

印刷　三秀舎　製本　榎本製本

ISBN978-4-7877-1602-6 C1021

十二支になった動物たちの考古学
設楽博己編著／Ａ５判並製／二〇〇頁／二三〇〇円＋税

ここまでわかった！ 縄文人の植物利用《歴博フォーラム》
工藤雄一郎・国立歴史民俗博物館編／Ａ５判並製／二二八頁／二五〇〇円＋税

縄文はいつから!? 地球環境の変動と縄文文化《歴博フォーラム》
小林謙一／工藤雄一郎／国立歴史民俗博物館編／Ａ５判並製／二六〇頁／二四〇〇円＋税

縄文土偶ガイドブック 縄文土偶の世界
三上徹也著／Ａ５判並製／二一二頁／二二〇〇円＋税

縄文土器ガイドブック 縄文土器の世界
井口直司著／Ａ５判並製／二〇〇頁／二二〇〇円＋税